なぜ今ローソンが「とにかく面白い」のか?

便利店
差异化经营
——罗森

［日］上阪徹 著

陈修齐 译

人民东方出版传媒
People's Oriental Publishing & Media
東方出版社
The Oriental Press

前　言
现在，便利店居然发展
到了这种程度……

　　说起来，或许很多人去便利店的次数比以往减少了许多。就算去便利店，也是因为有明确的购买目标，或者为了使用店内的ATM机、支付公共费用、购买门票。

　　事实上，我本人也是如此。所以我完全没注意到，现在的便利店竟然变得如此了不起。对已经习以为常的人来说，这个发现或许并不值得大惊小怪。但我还是想大声对那些没有意识到这一点的人说，请试着好好观察一下现在的便利店。应该能发现它们与以往有很大不同……

　　我产生这个想法的契机，是拙作《价格坚挺，精品超市的经营秘诀》（中文版已由东方出版社出版）。这虽然是一本探究成城石井这一高档超市为什么获得消费者青睐的书，但书籍出版后的那年秋天，成城石井被收购了。收购方正是大型连锁便利店罗森。

便利店收购高档超市的消息成为社会热点。我突然对罗森产生了兴趣，作为收购方的罗森，究竟是一家什么样的公司呢？

事实上，直到结婚前的 30 多岁，我是便利店的重度消费者。40 岁之后，去便利店的频率大幅降低。当然，因为我的工作是撰写经济、企业相关的评论文章，所以对媒体报道的企业信息还是比较了解的。

比如，罗森的第一股东由最初的大荣超市①变成了三菱商事②；公司任用新浪刚史这位年轻的经营者，推行大刀阔斧的改革；增加可以使用通用积分卡"Ponta"的合作企业，扩大积分卡的使用范围；代收消费者在亚马逊等购物网站上购买的商品，消费者可以前往门店领取；罗森门票③在旅游指南上的人气居高不下；收购联合影院④等公司，在跨行业收购方面也迈出了崭新的一步……

但是，我几乎不了解便利店内部的真实变化，以及商品经历了怎样更新迭代的过程。因为我去便利店的机会大大减少，

更准确地说，就算去了便利店，也几乎不会在店内闲逛，把新产品拿在手里端详。一方面是因为，在大众印象里，便利店是年轻人去的地方；另一方面是因为我不再需要购买便当了。

这次我对罗森进行了实地采访，仔细参观了店铺，试吃了店内的商品。在这个过程中，我发现了令我惊讶的事。

比如说，货架上摆满了新鲜蔬菜和半成品蔬菜，而且都是用调整土壤矿物营养成分的种植方法培育出来的，十分健康的蔬菜。此外，加热即可食用的速食类商品，也拥有令人惊讶的丰富品种。店内不仅销售年轻人喜欢的汉堡肉、土豆炖肉等经典菜品，还陈列着盐烤青花鱼、筑前煮①、黑豆、金平牛蒡丝②、芝麻拌豆腐等上了年纪的人可能会喜欢的菜肴。而且，菜品的美味程度也让人感到吃惊。甜点的柜台上不仅摆着西式糕点，还摆放着许多和式点心，商品阵容十分丰富。这是我作为便利店重度消费者时，不曾见过的景象。

再来说便利店的便当。现在似乎还有人认为便利店便当是不健康的食物。但事实上，早在十年前，便利店便当里就已经不再使用防腐剂和合成色素了。饭团使用的是新潟的高志水晶稻③，还有金目鲷、五条鲕、鲣鱼等从鱼获区捕获的高级食材。

---

① 日本的家常美食，主要原料是鸡肉，配料有蒟蒻、牛蒡、里芋等，通过慢火炖煮的方法制作而成。

② 日式传统家常菜，用牛蒡丝、胡萝卜丝等制成的凉拌菜。

③ 水稻优良品种名。美味大米的代表品种。主要产地为新潟县。

店内除了销售用油炸锅现炸的食品，还会贩卖用刚出锅的炸猪排做成的三明治。冬季受顾客欢迎的关东煮，使用的是从田地里拔出后，最快三天就能送达门店的白萝卜。

店内比以前更加明亮、整洁。店里不少员工是外国人。事实上，罗森之所以大量雇用外国籍员工，是因为某些积极的因素。

我尝试了久违的便当，这颠覆了我对便当的固有印象。米饭极其美味，没有记忆里那种不快的异味和干巴巴的口感，配菜也没有黏稠的油腻感。它们的味道会让现在仍然觉得"便利店便当不健康"的人也大吃一惊。到底发生了什么变化呢？我对此抱有强烈的兴趣。

面包货架上整齐地摆放着一排"低糖面包"。我知道许多人对食物中的糖分非常介意，比如糖尿病患者，但我不知道的是，便利店中居然存在品种如此繁多的低糖面包。而且味道还不赖。据说定期前来购买低糖面包的人，数量多得惊人。低糖面包不声不响地变成了热卖商品。

此外，柜台上还陈列着没有使用添加剂的和式点心和西式甜点，如蛋糕卷、布丁、菠萝包等。它们不仅不会影响身体健康，甚至对健康有益。包装袋背面的原材料介绍只有短短一行，这是没有使用多余添加剂的证据。据说，罗森为了做出不含添加剂的甜点，曾经前往海外搜罗原材料。这些甜点在老年人和带小孩的妈妈中评价很高。罗森把贯彻着社会健康理念的产品一个接一个地送到了消费者面前。

这次最让我感到惊讶的商品，是罗森的甜点。我听说罗森的甜点早在几年前就已经广受欢迎。品尝了一口之后，我还是被它的味道惊艳到了。如此美味的甜点居然只卖一百多日元，实在令人惊愕。罗森究竟是怎样做出如此美味的点心的？我决定要一探究竟。

我对成城石井的收购方——罗森这一公司的好奇最终演变成了强烈的兴趣，"现在的便利店究竟发展到了什么程度""罗森是怎样发展到这个程度的"，这本书就是伴随着这些疑问诞生的。

直到现在，也就是2015年的3月末为止，罗森在日本全国约有12000家门店。其中的大部分，都是由独立的经营者或企业经营的连锁（FC）加盟店。店铺面积从35坪①到40坪不等，秉持着"在需要的时间把需要的商品摆放在需要的场所"这一原则，向消费者提供商品。商品种类约2800种，与陈列着数万种商品的超市不同，便利店的商品都是经过严格挑选摆上货架的。其中，独立开发的便当、配菜、面包等自有品牌商品占四成左右。每周二，罗森会将新产品投入市场。经济规模约两万亿日元——这是罗森整体的营业额。

---

① 日本度量衡的面积单位，1坪约等于3.306平方米。

罗森总部的员工人数约 3700，加上加盟店的员工，日本全国员工人数约 20 万人。这些员工在"我们让共同生活的城市变得更美好"这一企业理念的引导下，每天都在不断进步，迎接新的挑战。在我不曾光顾便利店的很长一段时间里，便利店已经发生了翻天覆地的变化。

变化的背后隐藏着什么秘密？究竟发生了怎样的故事？这次，我决定采访那些战斗在罗森一线的人，以探索问题的答案。但是，将罗森的故事浓缩在小小的一本书中，工作量实在过于巨大。因此，我决定，与其从经营、物流等商业化的角度出发看待问题，不如站在一名消费者的立场上，聆听种种故事。

在采访成城石井的过程中，我经历了许多震撼。这次采访罗森也一样。要想在激烈的市场竞争中获得顾客支持，确实需要不计后果的努力。同时，我心中对便利店的印象也有了很大转变。

我想让更多的人了解现在的便利店，以及其背后的想法与努力。能够在激烈的竞争中被消费者选择，必然有其过人之处。

（注：本书记载的数据均为 2015 年数据。）

目　录

第 1 章
"惊艳绝伦的甜点"究竟是怎样诞生的

第 **2** 章

不同的理念——"MACHI café 咖啡"

第 **3** 章

"零防腐剂、零合成色素", 制造工厂面临的挑战

第 **4** 章
公司投资的"罗森农场"，
直接向门店供应蔬菜

第 **5** 章

不知不觉中，"健康"食品
接二连三被摆上罗森货架

第 **6** 章

通过分析"Ponta"数据，
解读真实消费行为

第 7 章
一点集中主义
创造"最能代表罗森"的产品

第 **8** 章

以共荣共存为目标的"**FC** 平等合伙人制度"

第 **9** 章

"不要等待顾客光临,要离顾客近一点"

第 **10** 章
罗森诞生40周年的"180天计划"

第 **11** 章
罗森和便利店会朝什么方向发展

第 **1** 章

"惊艳绝伦的甜点"
究竟是怎样诞生的

铃木嘉之
商品本部　本部长助理兼日配商品部部长

大胆的想法，彻底改变目标客户

2010 年，便利店销售的蛋糕卷成了热门话题。各家便利店公司陆续地将蛋糕卷摆上货架，当时的盛况可以说是"蛋糕卷之战"。为什么会出现这种情况呢？那是因为，便利店的蛋糕卷实在太过美味，美味到令人惊讶。而引发这场蛋糕卷之战的，正是罗森的蛋糕卷。

对于从那时起就一直在吃罗森"高级蛋糕卷"的人来说，或许会感到不屑一顾，"怎么事到如今才讨论这个话题"。我第一次品尝高级蛋糕卷，是在这次采访中。它的味道，着实让我感到惊讶。如此美味的甜点居然是便利店商品，并且只卖 154 日元（含税），这让我十分吃惊。事实上，许多和我同年代的人都不知道这一商品的存在。我告诉他们之后，他们也很惊讶，因为实在太好吃了。

2010 年打响的蛋糕卷之战，最终拉下了帷幕，但罗森对美味食物的追求从未停止。正因如此，罗森的"高级蛋糕卷"直到现在，依旧深受大众喜爱。

这中间究竟发生了什么？为什么罗森能做出如此美味的甜点？我想了解其中的具体原因。

开发"高级蛋糕卷"的是现在在罗森商品本部担任本部长助理的铃木嘉之。2003 年，铃木从工作了十四年的大型百货商店跳槽到罗森，作为商品开发担当被分配到面包甜点部。铃木在大型百货商店任职时，负责的是西式糕点卖场。这正是罗森可以制作出与百货商店蛋糕相媲美的甜点的原因之一。

2009 年，铃木被任命为甜点品牌打造计划的负责人。当时，罗森的甜点在市场竞争中慢了对手一步。因此，一口气将局面扳回、"彻底改变甜点"成了铃木的使命。半年后，"Uchicafé SWEETS"品牌成立，而这一品牌的主打产品，正是"高级蛋糕卷"。

面对彻底改革甜点这一命题，铃木的脑海中最先浮现出的想法，是改变目标客户。

"过去，便利店的主要顾客是男性。但我意识到，与其把目标放在光顾便利店的男性顾客上，不如把视线转移到喜欢甜点但不常来便利店的女性顾客上，这样更有利于开拓新市场。"

经过调查，铃木发现许多女性虽然喜欢甜点，但并不会在便利店购买甜点。这部分女性是二三十岁的女性。

　　铃木并没有将目标锁定在面向男性顾客的甜点上，因为在这方面已经慢人一步。他清空了所有想法，决定从改变目标客户入手，让罗森甜点起死回生。他的想法最终大获成功。

　　但是，推进过于新颖的项目，是不可能一帆风顺的。

用自己的舌头检验 140 种鲜奶油

铃木首先采取的措施，是全力倾听消费者的心声。为什么人们乐于在百货商店或甜品店购买甜品，却不愿意去便利店购买呢？

"原因是多种多样的。消费者认为便利店的甜点是卖给男性顾客的、量过多等等。但其中最常听到的原因，是鲜奶油不够美味。"

这是吃惯了百货商店或甜品店甜点的女性顾客才会提出的意见。曾经在百货商店西式糕点卖场工作过的铃木，非常赞同这个观点。

"因为便利店的甜点主要顾客是男性，所以有意识地增加了分量。为了降低成本，使用的是油脂生产商生产的植物性脂肪生奶油，这是业内常识。这种奶油，一千克 300 日元左右。而甜品店使用的是乳制品厂家生产的鲜奶油，一千克 1000 日元左右。对甜点味道比较敏感的女性，就会察觉到其中的差异。"

如果使用鲜奶油，成本当然会增加，价格也会随之上涨。

但铃木认为,作为便利店甜点,这样一来价格虽然偏高,但利用便利店量产的优势,还是有可能做出比百货商店和甜品店更加便宜的产品的。他希望改变便利店甜品中的鲜奶油,开拓新市场。

"那个时候,我充分利用了在上一份工作中积攒下的人脉与经验。之前合作过的几家西式点心店,告诉了我他们使用的鲜奶油品种。我尝试了许多种鲜奶油,也曾经一家一家地试吃网红蛋糕店。我一直在思考,好吃的鲜奶油是什么样的。"

在反复试吃的过程中,铃木终于找到了答案。好吃的奶油,入口有牛奶的味道,但口感非常清爽。然而,这是极其主观的感觉,无法量化。

"针对男性顾客制作的甜点给人非常油腻的感觉。所以,我想要的奶油,是有牛奶的味道但口感清爽的鲜奶油。我拜托了乳制品厂家,制作了各种浓度的鲜奶油,一种一种地尝试。"

乳脂含量为 40% 时,奶油有牛奶的味道,但口感油腻。而且,不同厂家生产出的奶油,味道会有细微的不同。于是,铃木想到了将若干种类的奶油混合在一起的办法。

"我们花了半年的时间开发奶油。那段时间,我每天都在吃鲜奶油。总是觉得做出来的东西不对,不是我想要的味道。现在我还记得,我们总共做了大约 140 种奶油。在不断尝试的过程中，我感觉到，我们离目标越来越近了。"

但是，这种感觉只有铃木明白。

"我总是跟负责混合奶油的人说，虽然已经很接近了，但还是差点什么。现在想想，这要求还真是无理取闹。每一次我们都要尝试 20 种到 30 种的奶油，总共试吃了接近 200 次。"

试吃的奶油过多，容易把想要的味道忘掉，所以，铃木也会去自己看中的西式点心店试吃。在反复尝试中，他终于遇到了自己想要的味道。

"最终的成品混合了三种鲜奶油，我到现在都记得很清楚。一口下去，我就觉得'就是它！有牛奶的味道，口感清爽的奶油'！然后我马不停蹄地跑到西式点心店里，边吃边想，啊，就是它，就是它，错不了。"

直到现在，这种奶油仍被用于制作"高级蛋糕卷"。

"我们的目标客户——女性顾客，她们不满的地方在于奶油。因此，做不出好吃的奶油，这个品牌和项目就不可能成功。那时我决定，哪怕放下所有工作，也要把美味的鲜奶油做出来。"

虽然已经找到想要的味道，但与甜品店只需要供应一家店铺不同，罗森拥有 12000 家门店。没有几家乳制品厂家能够应对如此庞大的物流网。而且还必须保障奶油的味道。铃木决定独自前往北海道钏路的一家乳制品工厂，这家工厂曾经以"实在应付不来便利店"为理由拒绝了罗森。铃木为了恳求对方向罗森供应鲜奶油，差点下跪。

用勺子吃的一人份蛋糕卷，这样的蛋糕卷举世无双

想要的鲜奶油终于制作成功。但那个时候，罗森还没有决定要做什么甜点。铃木将目光锁定在了蛋糕卷上，因为那时，在一些甜品店中，蛋糕卷很受欢迎。

"蛋糕卷只有奶油和蛋糕，所以可以充分品尝到奶油的美味。想让消费者注意到我们好不容易制作出来的美味奶油，蛋糕卷是最合适的选择。"

甜品店中出售的蛋糕卷是供家庭成员一起享用的整条蛋糕卷，这让铃木氏察觉到了商机。他曾经听女性顾客抱怨过，想买来一个人吃但吃不了整条。考虑到便利店商品的单价，在便利店出售整条蛋糕卷也是不现实的。

"如果我们能做出一人份蛋糕卷，并且品质不输于知名甜品店，那么这样的蛋糕卷就是举世无双的。我觉得这很有趣。"

吃过的人都认为"高级蛋糕卷"的大小刚好被"切成"了一个人吃的分量，可以用勺子舀着吃，但准确地说，蛋糕卷并不是"被切"成这个大小的。

"蛋糕卷的一般做法是在蛋糕里裹上奶油。但卷好之后切的

话，里面的奶油就会塌陷。所以我们也反复实验了许多次。"

事实上，每一个"高级蛋糕卷"都是手工制作而成的。

"许多人认为，便利店出售的商品都是工业化量产的。甜点却不是这样，大部分工序都是手工完成。我们只在烤蛋糕的时候会用到机器。卷蛋糕、注入奶油，这些步骤基本都是手工完成。"

铃木像执着于鲜奶油的味道一样，执着于蛋糕的口感。这是蛋糕卷中松软的基底部分。在这一点上，铃木不会让步。

"我们使用过海绵蛋糕，但因为奶油过于柔滑，入口即化，吃到最后嘴里只剩下蛋糕。"

要想和美味的鲜奶油取得口感上的平衡，就必须做出更加松软细腻的蛋糕。铃木又开始行动了。

"我偶然间听说，有家点心店使用的是宝笠印面粉。调查之后发现，宝笠印是一家位于神户的名叫增田制粉所的厂家制作的面粉，在业内很有名气。我马上打了电话，告诉对方，我正在寻找和美味的鲜奶油匹配的，入口即化的优质面粉。"

这种面粉是高级甜品店专用的面粉，高档且细腻，价格是普通面粉的 1.6 倍左右。但尝试过之后，发现口感确实非常出色。铃木决定，一定要使用这种面粉做蛋糕卷。

"但因为要量太大，我们毫不意外地遭到了拒绝。"

这或许并不是用于制作便利店商品的面粉，但铃木没有放弃。他无数次前往神户，终于获得了对方的许可。

但这并不是一切的结束。因为面粉过于细腻，工厂的烘烤环节进行得不太顺利。

"因为我们的前提是在工厂做出足够供应一万家门店的商品，所以一直以来，使用的都是容易加工的面粉。这种细腻的面粉，加工起来很麻烦。因为这原本是甜品店的师傅手工制作糕点时使用的面粉。如果要做成几十万份蛋糕，必然要改变加工方式。为此，工厂方进行了数十次生产线测试。"

面团的温度、烘烤的时间、速度等等，所有的一切都要改变。最终，铃木做出了自己理想中的蛋糕。

董事会上全场欢呼"太好吃了"

铃木被任命为项目组负责人，是在 2009 年 3 月。他花了两个月时间制作奶油，一个月时间寻找面粉，8 月份经历了无数次量产实验的失败，最终做出了蛋糕卷的成品。但在此期间，铃木遭到了公司内部的强烈反对。因为将目标客户锁定为二三十岁的女性，在便利店行业是闻所未闻的事。

"他们说，原本女性顾客就很少光顾便利店，为什么还要瞄准这个市场。"

而且，公司在限定区域内做了预销售，测试结果惨不忍睹。

"一开始，名字不是这个名字，包装也是普通的包装。我对味道很有自信，却忽略了宣传包装。"

更改了名称和包装后，第二次的预销售进行得非常顺利。铃木重新评估了味道，反复进行改良。公司内部也终于迎来了做出决策的最后阶段——董事会上的试吃。铃木要向社长，以及坐成一排的董事们推介自己的蛋糕卷。

"那个时候，心脏都快跳出来了。我现在还记得，当时我拼了命地在介绍，但谁也没有认真听。我猜他们是在想，与其听这些，不如早点让我们尝尝味道。"

蛋糕卷分发下去后，社长先舀了一大口奶油放进嘴里。铃木紧张的心情到达了顶峰。紧接着听到的是社长的赞叹。

"太好吃了！"

然后，社长缓缓地站了起来，开始鼓掌。满脸都是笑容。其他董事也接二连三地发出了"好吃"的感叹。最后，董事会的全体董事都在为新产品欢呼喝彩。

"我真的很高兴，他们的反应给了我很大信心。"

但这并不是一切的结束。接下来等待铃木的难题，是如何将商品推广出去。虽说味道令人惊艳，但如果不为人所知，是不会有人购买的。可是，大众普遍认为，便利店的主角是便当和饭团。电视广告是指望不上的。新产品的公关团队认为，只能采取人海战术。

"一方面，要告诉所有罗森相关人士，我们做出了美味的蛋糕卷。另一方面，拜托加盟店举办试吃活动是必要的，必须让公司员工和员工家属也知道这件事。"

目标客户是女性。公司发放了50日元的蛋糕卷内部减免券后，使用率居然超过了80%。果然，甜点对女性还是有吸引力的。

另外，还必须在那些对潮流敏感的女性聚集的地方，尽可能多地举办试吃活动。时装发布会会场、航空公司的空乘休息室、女性聚集的活动现场、电视台或广播电视台……

"虽然第一次预售失败了，但第二次很成功。那次，我们在门店的地板上用贴纸铺了一条路，把顾客引导到商品那里。我们真的拿命在拼，因为这次要是失败了，就再也不会有第二次机会。"

铃木说，到了这个阶段，必须想方设法勾起消费者的购买欲望。

"我经常对部下说的话是，如果不把产品宣传出去，就等于这个产品不存在。不管货架上摆放着多么美味的食物，不告诉顾客或者店员'这个很好吃哦'，也是没有意义的。所以宣传真的很重要。试吃活动也是，产品名称也是，包装也是。做出美味的产品当然是我们的工作，但如果不认真做好宣传，产品开发就是失败的。"

一天卖出 60 万份的超级热卖品

在罗森，一天内在日本全国卖出 5 万份的甜点就可以算得上是热卖产品。"高级蛋糕卷"一经面世，就在门店卖出了 20 万份。店铺接二连三地出现售罄的情况。

"紧接着，发生了意料之外的事。雅虎新闻的网页上登载了高级蛋糕卷售罄的新闻，这篇报道反过来又给我们增加了热度。"

工厂一天最多只能制作 30 万份蛋糕卷，售罄的门店越来越多。

"我每天都在公司里道歉，说着'对不起、对不起'。因为门店都想要热销产品。我虽然很高兴，但也只能不断地对他们说对不起。"

工厂也在拼命赶工，还增加了生产线，但即便如此还是供不应求。另外，竞争对手不会一声不吭地看着罗森占领全部市场。半年后，十多家公司开始出售蛋糕卷。于是，管理层做出了决定，要为蛋糕卷拍摄电视广告。

"我们邀请了西岛秀俊先生和小提琴家高嶋知佐子小姐

出镜。"

广告又掀起了热潮，高级蛋糕卷一天最多可以卖出 60 万份，成了超级热卖品。

"我们预见到市场上会出现更多竞品，于是马上参加了世界品质评鉴大会①，并获得了金奖。"

多亏这个奖项，即使竞品层出不穷，罗森依然可以对外宣传，自己的蛋糕卷才是最正宗的，因为后来者没有赶上世界品质评鉴大会。罗森确保了自己作为先行者的优势地位，这是长久以来，总是比别人多想一步的思考方式取得的胜利。

在这之后，"高级蛋糕卷"开始横向发展，推出了巧克力、甘王草莓②等口味。罗森蛋糕卷确立了自己的世界观，即凭借品种多样性占领市场。

女性顾客不断光顾罗森，一下子改变了便利店甜点的品牌形象。"高级蛋糕卷"不单单是一款热卖产品，还改变了罗森甜点的大众印象，甚至可以说，改变了整个便利店甜点给大众的印象。

---

① "世界品质评鉴大会"、"国际优质食品组织"或"蒙特奖"。由欧洲共同体（EC）和比利时经贸部共同创立，总部设立在比利时的首都布鲁塞尔。
② 福冈县的名品草莓，个大味甜，很受消费者欢迎。

虽然"高级蛋糕卷"掀起了一股热潮，但对于不常去便利店的人，或者有明确购买目的才去便利店、不会在店内闲逛的人来说，是留意不到这款产品的。事实上，我本人就是如此，对这样的热销品一无所知。不过我认为，像我这样的人或许比想象中更多。因为这本身就是以女性顾客为目标开发的产品。

正因如此，才希望读者们能品尝一次。这款产品身上，淋漓尽致地体现了便利店令人惊讶的成长速度。连我自己，也情不自禁地发出了和社长一样的那句赞叹："太好吃了！"

顾客接二连三打来电话，"请不要停止生产低糖面包"

现在，铃木不仅负责甜点，还负责米饭、面包、生鲜等产品的开发。"高级蛋糕卷"之后，他继续迎接一个又一个的挑战。和以前一样，他要开发便利店从未有过的产品，开发可能改变便利店大众印象的产品。

其中之一就是"麸皮面包"系列，含糖量低于普通面包。这个系列的面包发展稳健，产品种类也日渐丰富起来。

因为只在罗森出售，所以每天有不少人专门为了这款面包前往罗森。

"有一家叫鸟越制粉的面粉公司说，他们生产出了低糖分的混合面包粉，问我们有没有兴趣尝试。那是在 2011 年，因为当时的面包含糖量还很高。所以我觉得这个提案很有意思。"

比如，糖尿病病人经常会被医生警告不能吃含糖量高的食品，面包可以说排在这类食品的首位。此外，普通人也会考虑到减肥、健康等因素，有意识地避免糖分的摄入。

"我们打算生产一款面包，专门针对介意食品中含糖量的人群。产品开发花了一年左右的时间。但是，这款于 2012 年面世

的产品卖得并不好。当时我很疑惑：明明是低糖面包，为什么卖不出去呢？"

便利店在每周的星期二会投放大量新产品。新产品要经历消费者严格的检验，只有百分之几的产品能被保留下来。世界就是如此残酷，卖不出去的产品没有资格被摆在商店里。等待这类产品的，往往是消失的命运。但"麸皮面包"身上却出现了意料之外的情况。

"那一年，顾客直接打往罗森总部的咨询电话中，提及最多的就是这款面包。"

得了糖尿病之后，最喜欢的面包不能吃了。偶然间在罗森发现了这款面包，激动得流下了眼泪……这样的电话，一个接一个地涌向罗森总部。甚至有顾客提出，如果罗森不再生产麸皮面包，他可以提前一次性大量购买，放在冰箱里冷冻。潜在需求变成了显性化需求。

"虽然整体上看卖得不好，但一部分顾客非常喜欢。所以，我们必须生产下去。"

美味只是前提，还需要其他附加价值

铃木首先采取的措施，是让面包变得更加好吃。从前，有的商家会通过函售①的方式销售低糖面包，但购买的人寥寥无几，因为味道不够好。此时，低糖面包面粉和罗森的"麸皮面包"应运而生。但这还远远不够，必须让面包变得更好吃。如此一来，购买的人会变得更多，"麸皮面包"就有机会被摆在货架上销售。

"我们明明知道，有一些潜在顾客对血糖值、糖分很在意。但无法在门店销售这款产品。所以，我们只剩一条路可走，那就是把它变得更好吃。"

罗森与鸟越制粉进行了多次试验，调整面包的口感。两年半的时间里，改良了三次口味。味道变好了，市场认可度进一步扩大。"麸皮面包"的知名度也渐渐打响。不知不觉间，也开始卖到断货。甚至有人为了买到这款面包，接连跑好几家罗森。面包品种也逐渐丰富起来。现在的面包专区，"麸皮面包"已经

———————————

① 一种商品零售法。通过赠送商品目录和广告等对商品进行宣传，收到订货的函件或电话后给买主邮寄所订商品。

变成了颇有存在感的产品，不少人专门为了它光顾罗森。

"麸皮指的是谷物表皮。谁都可以做出麸皮面包，但做不出含糖量这么低的。和我们共同开发的鸟越制粉，他们有面粉的专利，所以其他公司无法复制。"

虽然蛋糕卷一经推出就被模仿，但便利店行业是不害怕被模仿的。因为商品在被模仿的同时，也在扩大知名度，反而可以一口气打开市场。一旦掀起模仿的热潮，就能马上被消费者所熟知。商品被模仿是危机，也是机遇。

"但是，'麸皮面包'是罗森特有的，所以无法迅速扩大市场。被消费者认识需要一段时间，这是无可奈何的事。"

事实上，罗森之所以能够捕捉到低糖面包的潜在需求，还多亏了另一件武器，通用积分卡"Ponta"的购买履历信息。关于"Ponta"，之后会有详细介绍，这里先简单说明一下。消费者加入"Ponta"之后，运营公司会把采集到的个人信息与购买信息分割。合作公司无法获得名字、详细住址等个人信息，只能获得购买履历信息，然后把这些信息运用到产品开发中。"麸皮面包"在购买履历中，有着惊人的回购率。

"许多购买履历中有固定倾向。购买'麸皮面包'的顾客也会购买沙拉、关东煮里的白萝卜、魔芋丝等低糖食品。所以，我们把加入了低糖鸡胸肉的沙拉和麸皮面包夹在一起，做成了

'麸皮三明治'，推出了以'麸皮三明治'为首的三种新产品。这些产品含糖量只有 10 克，吃再多也没关系。令人高兴的是，新产品也很受消费者欢迎。"

铃木对糖分非常关注，他有时会参加与糖分有关的学习班，有时还会亲自请教医生。在学习过程中，他明白了，真正需要控制的不是糖分，而是进食后的血糖值。

"那样的话，只要开发出不易提高血糖值的产品就好了。"

现在，铃木正在开发不易提高血糖值的面类产品。

"美味已经成为产品开发的前提，除此之外，我还想增加一些附加价值。这些让人愉悦的价值究竟是什么呢？我会带着对这个问题的思考推进新产品的开发。"

**"不使用添加剂",脱离食品制造常识的
挑战**

最后向大家介绍一个铃木参与开发并获得市场好评的产品系列。2013 年到 2015 年 3 月的"纯系列",这个系列的产品,特别之处在于没有使用添加剂。

"在蛋糕卷的横向开发中,我们加入了巧克力、草莓等原材料,简而言之,做的是加法开发。在这个过程中,我注意到一个问题。"

那就是,商品背面的原材料介绍变得越来越长。

"看到原材料介绍的时候,我突然想到,今后不要做加法开发了,反过来做减法吧,试着做出减法美味。"

同一时间进行开发的是"麸皮面包"。这款面包的开发中很难添加额外的东西,这也成了教会铃木做减法的契机。

"一说到产品开发,人们往往会想怎么往里面添加新成分。但是,确实也存在低糖这种减法美味。原材料介绍只有短短一行,非常朴素的美味。现如今,很多人喜欢吃重口味的食物,所以可能会觉得这种朴素的食物太寡淡。而便利店食品给人的印象就是加入了许多添加剂。所以,我想在罗森做出完全不使

用添加剂的食品。"

铃木最先在"高级蛋糕卷"上做了实验，尝试做出了完全不使用添加剂的产品。原来背面足足三行的原材料介绍，缩减成短短的一行，原材料全部变了。这么做之后，发生了非常有趣的事。之前不买蛋糕卷的人，也开始购买蛋糕卷了。

"四五十岁的女性，看了商品背面后，发现原材料完全不一样，味道也完全不一样，两种蛋糕卷都卖得很好。"

铃木察觉到一种潜在需求。那就是，购买不使用添加剂的美味食品的需求。

"但是，不使用添加剂，从食品制造的常识出发，几乎是天方夜谭。因为大量生产产品后要进入物流环节。所以当我说要做出不使用添加剂的食品时，所有人都很惊讶。都说，压根没想过这种事。"

添加剂并不是有害物质，制造方也严格遵守国家制定的标准。但即便如此，还是有人感到介意，这是无可争辩的事实。尤其在当今社会，更是如此。

"尝试后，居然意外地成功了。"

话虽如此，但成功来得并不容易。

为了采购不添加乳化剂^①的奶酪，前往丹麦

罗森的"纯系列"涉及多种产品，生巧克力、裱花蛋糕、布丁、菠萝包……不使用添加剂之所以困难，是因为并非所有原材料都是由罗森从零开始制作的，其中还包括许多其他厂家加工的半成品材料。

"比如说奶油干酪里面会有乳化剂。供应商提供的所有奶油干酪里都有乳化剂，因为大量生产离不开乳化剂。"

不能使用乳化剂，就意味着不能使用原有的奶油干酪。罗森必须从根本上贯彻零添加剂的原则。

"我拼了命地去找奶油干酪。在这个过程中，发现了一家不使用添加剂的奶酪公司，是一家丹麦的公司。"

那家公司名叫BUKO，铃木直接去了对方的总部。便利店产品开发的负责人，远渡重洋与对方交涉。

"罗森就是这样。领导层很开放，督促我们积极地走向世界。他们对我说，直接去跟对方谈。于是我就去了，拜托对方，

———————

　　① 指能够改善乳浊液中各种成分之间的表面张力，使之形成均匀稳定的分散体系或乳浊液的物质。

'你们的奶酪如此美味，能不能跟我们合作呢'。"

铃木就这样，走遍世界各地确认每一种原材料。他亲自前往每一家生产商，确认原料里是否真的没有使用添加剂。完全从零开始，制作不使用添加剂的产品。

"有人需要这样的产品，这是我们开发的原动力。店内出售不使用添加剂的产品后，连带小孩的妈妈都会前来购买。如此一来，也带动了其他商品的销量。"

现在，名称中不带"纯系列"标签的普通产品也开始贯彻零添加剂的理念。这在便利店商品中是非常少见的。大家可以亲自去便利店确认，商品包装袋上是不是写着"不使用发酵食品""不使用香料、增稠剂①"等等。

"从零开始寻找原材料，真的很辛苦。而且，许多原材料过于精细。我们也有很多限制，比如必须在限定时间内完成产品制作。这些原材料和大量生产中使用的原材料不同，工厂为了做出不容易腐坏的产品，做了无数次生产线测试。如果使用防腐剂，所有的产品都能达到稳定的防腐效果。但就是因为没有使用，所以才不得不一次又一次地测试、调整。"

铃木也遭到过工厂的抱怨。但最终工厂也很满意，因为世

---

　　①　指溶解于水中，并在一定条件下能充分水化形成黏稠、滑腻或胶冻液的大分子物质，在加工食品中可以起到增稠、增黏、增加黏附力、稳定悬浊体等作用的食用胶。

上再没有什么比消费者的认可更令人开心的了。

"过去的时代，是向制造商下订单，然后把制造出来的成品直接拿到市场销售。但现在不一样了，公司内部有了原材料采购部，上游下游都由我们亲自把控。所以，我们可以做出美味的产品，可以实现坚持的理念。就算是小小的豆沙面包，我们也会亲自去寻找红豆，亲自制作豆沙。用普通的白砂糖做出来的豆沙太甜，我们就把冰糖溶解在水里，用糖水做豆沙。"

对铃木来说，要做的事很简单。就是把自己坚持的产品开发做到底，然后对开发出来的产品进行不断的改良。因为世界在不断发生变化。

"有两个词叫作产品推出①和满足市场需求经营法。但我认为，世界已经进入了个性化的时代。我们不能一刀切地看待市场，每个人都有每个人的需求。便利店的使命，就是尽可能满足这些需求。"

---

① 即站在卖方的立场，以生产商利益优先，进行商品的设计与研发。

第 2 章
不同的理念——
"MACHI café 咖啡"

吉泽明男

商品本部　本部长助理兼收银台商品部长

**"改变便利店的形象",引入 2600 台咖啡
机,却在最后关头叫停**

最近便利店的热销产品中,有一款 2013 年 1 月 7-ELEVEn[①]
推出的 "7 咖啡"。这款咖啡是现冲咖啡,能够带给消费者独特
的轻松感,加之味道不错,所以获得了市场的广泛认可。不到
一年就卖出四亿五千万杯,成为前所未有的热销产品。

7-ELEVEn 的这款咖啡完全是以新产品的形象面世的。但人
们不知道的是,市场上以前就存在类似的产品。而且,在 7-E-
LEVEn 之前,早就有便利店进军过咖啡市场了。那款产品,正
是罗森的 "MACHI café 咖啡"。

许多读者也许知道,罗森的咖啡和其他便利店的咖啡是不
同的。顾客在收银台点完咖啡后,店员会把冲好的咖啡直接交
到顾客手上,即所谓的面对面交易。

这种模式和购买纸杯后自己操作咖啡机的自助式服务完全
不同,后一种模式的代表店铺是 7-ELEVEn。一部分罗森门店也
采用了自助式服务,但即便在这种门店,大部分顾客还是会选
择面对面交易的模式。在其他便利店,许多顾客会点牛奶系的

---

① 与罗森齐名的日本著名连锁便利店品牌。

拿铁咖啡、粉末系的热可可、抹茶拿铁等饮料。虽然它们只占咖啡类产品的极少部分。在购买这些饮品时，即便有自助式服务，顾客还是会要求面对面交易。

这是理所当然的。因为罗森与其他便利店的咖啡销售相比，秉持着完全不同的理念。这是罗森领先于其他便利店，率先思考出的理念。罗森对于咖啡机严格到了吹毛求疵的地步，所有咖啡机都由公司亲自挑选。当然，咖啡豆也是精挑细选的。从而催生出了以往便利店咖啡中不曾有过的新产品。开发这款"MACHI café 咖啡"的，是商品本部的本部长助理吉泽明男。

吉泽在 1995 年加入罗森。担任过被称为"监督员"的门店经营指导员，参与过市场开发工作，也参与过饭团、便当等多种产品的开发项目。结束在中四国①的工作之后，2010 年被任命为"FF 咖啡项目"的负责人，FF 是 Fastfood（速食）的缩写。

"罗森在三年前，开始在一部分门店出售可以在收银台购买的咖啡。更确切地说，我们十年前就开始尝试，所以加起来，这个项目已经超过十年。"

当时，刚好是"高级蛋糕卷"大受欢迎的时期。说到与甜点最相配的饮料，人们第一时间便会想到咖啡。于是，项目就此启动。项目开始的时间是 7 月份，吉泽被任命为负责人的时间是 11 月。

---

① 指日本的中国地区和四国地区。

"经过反复试错，我们开始把咖啡推向市场了。引进的门店
超过 100 家。当时正在考虑是否推广到所有门店，但项目进展
得不太顺利。"

吉泽担任负责人之后，马上明白了其中原因。原因在于，
大家对在门店贩卖咖啡的目的还不是很清晰。

"一句话概括，就是理念不清晰。当时给我的感觉是，大家
认为只要机器和咖啡豆到位，就自然会有办法。因为领导层下
了命令，所以不管三七二十一，做了再说。"

吉泽加入项目组时，引进 2600 台咖啡机的事已基本确定。
但他在最后关头，还是把一切推翻重来。

喝现磨、现冲咖啡，会让人心情愉悦

"单纯地卖咖啡不是一件难事，只要拜托咖啡生产厂家，他们就会帮我们搞定所有事情。"

吉泽称这种做法为"成套交易"。想一想 OA 机器①中的打印机就明白了。打印机是很昂贵的办公用品，但顾客也可以用很低廉的价格租借。也就是说，厂家的商业模式并不是出售打印机，而是把打印机租借给顾客，通过油墨和纸张来赚钱。

"咖啡行业也基本相同。厂家的商业模式是，免费把咖啡机借给便利店，然后要求便利店使用指定的咖啡豆，通过咖啡豆把咖啡机的投资成本赚回来。"

维修和保养也可以交给厂家，对于使用咖啡机的一方来说，完全没有什么可操心的。但吉泽认为，这样做是无法赢过竞争对手的。

"当时领导层应该也意识到了这一点。他们经常把'模仿的困难性'挂在嘴边，说必须做出其他公司无法复制的产品，罗森的下一块吸铁石可以凭自身力量吸引消费者光顾罗森的产品

---

① 办公自动化机器。

或者服务。"

除此之外，领导层还有另一个目标，这个目标吉泽也十分认同。

"我们不是要单纯地卖咖啡，而是想通过咖啡改变公司。我们当然想让消费者和加盟店认可这款产品，除此之外，还想在公司内部进行一场思想革新。当时公司内部都在呼吁'脱便利店化'，我们希望大家的思想转变成，打造一个超越现有便利店的第二代便利店。"

当时，走在行业前端的是 7-ELEVEn。模仿他们的话，也能在市场占领一席之地。但光靠模仿他人无法取得真正的胜利。因此，罗森考虑在新领域创造一个崭新的世界。

简单地说，就是开发别人模仿不了的产品，并通过这些产品，创造出今后十年仍可持续的市场竞争力。作为引爆剂之一被选择的产品，就是咖啡。随后，被赋予项目组新负责人使命的是吉泽，所有人都在期待他带来的崭新想法。

"但是，我对咖啡并不了解。虽然参与过品牌战略的相关工作，但没有直接参与产品开发的经验。"

当时，项目组没有负责人的专属座位，也没有交通费预算。就这样，吉泽在什么都没有的情况下开始了他的工作。

"首先，我需要一些启发。于是我去了一些地方城市，对比考察了咖啡卖得好的门店，和卖得不那么好的门店。有时听取店员的意见，有时也会直接询问顾客。"

在北海道，吉泽听到了出人意料的反馈。

"我问一位女性顾客，为什么选择在罗森购买咖啡。对方回答我，因为很酷。开车上班或者回家的途中，如果喝罐装咖啡，心情怎么都愉悦不起来。喝现磨、现冲咖啡，才能让人心情愉快。"

吉泽听取店员的意见后，又有了新的发现。无论怎样推销，买罐装咖啡的顾客都不会购买收银台出售的咖啡。原因在于速度和价格。

另外，购买冷藏食品的顾客，却很有可能放弃罐装咖啡，改买现冲咖啡。

并且，根据数据分析，许多顾客，尤其是女性顾客，她们想购买的并不是咖啡，而是拿铁一类的产品。

彻底调查之后发现，自助式服务存在问题

针对自助式这一销售方式，吉泽进行了彻底的调查。他调查了所有总部和门店的投诉案件。

"通过调查，我发现自助式贩卖存在质量不稳定的风险。比如，有的门店没有注意到咖啡豆已经用完。顾客在收银台买完纸杯，操作咖啡机时，才发现咖啡豆没了。这就给顾客造成了困扰。"

除此之外，还有一点，那就是牛奶系咖啡比较容易出问题。

"当牛奶所剩不多时，咖啡机抽出的奶量会变得特别少。只能做出半杯左右的拿铁咖啡。"

最让吉泽在意的还是卫生管理问题。

"自助贩卖的情况下，店员难免变得疏忽大意。直接将咖啡机丢在一边，放任不理。家庭餐厅的水吧不就经常是这个样子吗？咖啡和牛奶溅得到处都是，有时还会堵住出水口。因为大家都很忙，所以很可能顾及不到自助服务。这些都会造成顾客的不满和投诉。"

现在，许多便利店之所以不出售拿铁等牛奶系咖啡，很大

程度是因为以上问题。但牛奶系咖啡，存在很大的市场需求。

另外，吉泽调查了以出售牛奶系咖啡闻名的咖啡店。发现这些店最大的卖点不是咖啡，而是既不是家也不是职场的第三环境这一理念，以及独特的服务。

"有价值的在于氛围和环境。某家有名的连锁咖啡店一次都没有降过价，这让我很受启发。因为他们对自己的理念和服务有信心。还有一件事让我觉得很有意思，他们打过一次电视广告。打完广告后顾客量确实有所增长，咖啡销量也增加了许多。但他们引以为豪的服务和氛围却遭到了破坏。所以从那以后，他们再也没有在电视上打过广告。"

在调查其他公司的过程中，吉泽脑中关于便利店的定位发生了变化。

"过去，吸引顾客去便利店的要素是：便当、饮料、酒、香烟。但随着门店数量的增加，餐饮业和廉价商店的发展，消费者多了许多选择。所以我们不能再像以前那样了，必须创造出第二块吸铁石。"

这块吸铁石就是美味的咖啡，能够让消费者反复购买的咖啡。除此之外，吉泽在视察冈山的门店时，还得到了另一个启发。

能够与店员沟通交流，也是一种价值

吉泽追求的理念逐渐变得清晰。罗森需要的是美味的咖啡，和促使顾客回购的策略。随后，在巡视日本国内各地的门店时，吉泽看见了非常具有象征意义的一幕。

"在冈山的门店时，我和店主、店主夫人一起聊天，有一辆车停进了便利店后面的停车场，店主夫人注意到之后，就按下了咖啡机的按钮。"

正当吉泽困惑不已时，咖啡刚好沏好，开车的顾客也走进了便利店。

"店主夫人一边说'已经给您沏好了哦'，一边把咖啡递给顾客。顾客微微一笑，在收银台付了钱。店主夫人的待客方式充满亲切感，很棒。但更重要的是，她没有让顾客等待一秒钟，直接就把咖啡送到了对方手上。"

这位顾客正是所谓的常客，结账的时候拿出了积分卡"Ponta"。看到这一幕，吉泽的脑中灵光一现。

"罗森在 Ponta 上下了很大功夫，目的是想用积分卡圈住顾客。如果把积分卡和咖啡相结合，是不是可以创造出新的商业模式呢。"

实际操作是，只要出示积分卡，就能以会员价优惠购买咖啡。

"在实际操作中，我们可以利用信息技术加深与顾客之间的联系。人们常说，IT 时代非常便利，即便不与他人交流也能顺利购买商品。但考虑到人口老龄化、出生人口下降、单身人士增加等社会背景，今后可能会出现完全相反的状况。我认为，如果一样产品能成为顾客与店员交流的契机，能被顾客深深地记住，那它就是有价值的。"

吉泽认为，作为一个能让顾客放松身心的消费场所，便利店可以更加灵活地使用咖啡，同时充分利用 Ponta 的组织力，从而打造出罗森自己的咖啡商业模式。

让人反复回购的美味咖啡、友善亲切的待客方式，由此诞生的是"让顾客享受双重美味"这一崭新理念。双重美味指的是产品带来的味觉享受和服务带来的情感满足。罗森计划用这样的理念和竞争对手区分开来。使这一理念成为现实的，是 Ponta 积分卡。

"为了让顾客充分享受双重美味，需要思考一些提高愉悦度的策略。我们计划把收银台变成小型咖啡店。考虑到女性顾客的审美需求，杯子也计划采用时髦的设计。"

罗森打出了"随时随地的咖啡店"这一宣传口号。"MACHI café 咖啡"的品牌名称也由此诞生。名称与"我们让共同生活的城市变得更美好"的企业理念密切相关，包含了用一杯小小的咖啡让顾客感受到幸福的愿望。

百里挑一的咖啡机，但是……

"产品带来的味觉享受"和"服务带来的情感满足"，吉泽想在这两点的基础上创造出便利店的新价值。为了实现这个目标，无论是产品还是服务，都必须达到过去便利店达不到的极致标准。

"我再强调一遍，如果拜托咖啡制造商，卖咖啡是一件很简单的事。只要跟对方打声招呼，说我们打算开始销售咖啡，对方就会提供很多选择。但我们没有这么做。相反，我们实地考察了咖啡豆的原产地，打算做出属于自己的咖啡。"

为了实现这个目标，吉泽使用了专业的分析咖啡豆味道和香味的方法。他不但尝遍了竞争对手的咖啡，还时不时前往专门的咖啡店，分析咖啡的味道。在寻找咖啡豆的过程中，他还向罗森的第一股东——三菱商事的咖啡项目组请教，为的就是做出属于罗森的独特味道。他明明可以把项目打包交给咖啡制造商处理，但他没有这么做。

"现在想想，以咖啡专家的眼光来看，我这么做可能毫无章法。身上仅有的就是一腔热血，想以此为筹码赌上一赌。当时我给人的印象可能就是这样吧。"

吉泽通过对比各公司咖啡的味道和价格，决定了罗森咖啡的定位，即选择重视味觉平衡、为体现咖啡原有的香味，在烘焙过程中有意识地去除了酸味。"一开始，我们混合了巴西、哥伦比亚、危地马拉、印度尼西亚、坦桑尼亚产的咖啡豆。还邀请了专家品鉴，花了很长时间才把味道定了下来。"

时间不知不觉到了 2011 年 1 月，项目组成员扩充到了十几个人。项目组在长野县做了实验，调查顾客的感想，验证能否按照计划的商业模式销售咖啡，把问题彻底筛查了一遍。"我跟他们说，不需要漂亮的报告。暂且把问题、毛病筛查出来，全部写在白板上。然后把每个人在什么期限范围内要完成什么任务全部定下来……我们已经拿命在拼了。"

实验进行得很顺利，销售量比预想的好。与甜点、面包配套购买的案例很多，消费者对味道的评价也很好，特别是拿铁咖啡等牛奶系的咖啡，更是广受好评。项目组克服了第一道难关。

"下一步要做的，就是把咖啡推广到 100 家门店。"

因为吉泽亲自参与了咖啡豆的拣选，对咖啡豆抱有执念。所以理所应当地，他对咖啡机的要求也很高。他尝试了一百种以上的机器，终于找出了符合心意的机器，一款瑞士工厂生产的咖啡机。单台机器的售价约为 200 万日元，价格相当昂贵。

"但味道真的很好。"

由于 7-ELEVEn 的引进，滴滤式咖啡①一下子打开了知名度。但罗森对意式蒸汽咖啡②情有独钟。

"和理科实验同样的原理，我感觉咖啡的精华全都被滤纸吸收了，往好了说，叫清淡爽口。但如果你喝惯了真正的咖啡，就会知道味道淡是滴滤式咖啡的特征。"

蒸汽咖啡机和法式压滤壶③都装有金属的过滤器。

"金属不会吸收咖啡的精华。刚刚冲好的咖啡表层会浮起一层薄薄的精华，这就是咖啡最美味的部分，或甘甜或浓郁或苦涩，能够把咖啡豆产地本身的特点、味道的不同完美地表达出来。所以，在世界咖啡师大赛④等比赛上，咖啡师都会用蒸汽咖啡机萃取咖啡。被称为第三波咖啡文化⑤的精品咖啡店，虽然使用滴滤式咖啡机，但也会使用法式压滤壶，一半以上的拿铁咖

---

① 滴滤式咖啡一般是用滴滤机冲泡的咖啡。滴滤，简单地说就是把咖啡磨粉后，经由漏斗式滤嘴过滤的冲泡方法。
② 用蒸汽式咖啡机冲泡的咖啡，特点在于用蒸汽将咖啡中的精华萃取出来。
③ 大约于 1850 年发源于法国的一种由耐热玻璃瓶身（或者是透明塑料）和带压杆的金属滤网组成的简单冲泡器具。
④ 世界百瑞斯塔（咖啡师）大赛（World Barista Championship，WBC），每年由世界咖啡协会（WCE）承办的卓越的国际咖啡大赛。
⑤ 指近十年来在城市中产阶级中掀起的一股弃奶去糖的，喝好咖啡的风潮。

啡都是用蒸汽咖啡机做出来的。真正对咖啡豆有讲究的地方，会选择最大程度保留咖啡豆美味的萃取方式。我是这样认为的。"

但是，要想在所有门店推广这一商业模式，就必须降低咖啡机的成本。毕竟一台机器需要花费 200 万日元。然而，谈判并没有成功，对方断然拒绝了罗森，说根本不可能接受罗森的报价。

"不要谈判，要把我们的想法传达给对方"

　　必须寻找新的咖啡机。这次吉泽选择的是意大利 CARIMALI 公司的机器。5 月份，项目组调来 150 台机器，在长野进行了第二次测试。

　　"然而，问题一个接一个地出现。牛奶的抽取量总是不稳定。我们也不能把出奶量、蒸汽的量设定成和 F1 机器①一样的高水准。意大利也没有专门针对这种细腻口感的设计。不稳定也是没办法的事。"

　　另一个问题是温度。

　　"罗森的拿铁咖啡，温度要低一些，设定在 65℃左右。因为我们知道，想让顾客充分享受到牛奶的美味，温度是很关键的。加热会使牛奶凝固，牛奶精华的部分就会流失掉。所以，我们特意把温度调低了一些。但顾客的评价却不太高。"

　　一天的销售量是一百杯、两百杯。吉泽当初并没有预料到一天需要制作这么多咖啡。

　　"具备稳定抽取功能的机器，价格当然不会便宜。"

---

　　①　高档型蒸汽式咖啡机。

于是，吉泽开始致力于一边控制成本，一边使咖啡的品质稳定下来。他与意大利方进行了多次谈判、交涉。但对方态度很坚决，说以罗森要求的规格，不可能在原先的基础上再降价。

"我向领导层报告之后，遭到了批评。领导说，你难道是在跟对方'谈判'吗？重要的不是'谈判'而是'想法'。你有把自己的诚意传达给对方吗？有亲自去意大利跟对方说明吗？"

吉泽的英语和意大利语都说得不好。他向领导说明了这点之后，被骂得更惨了。

"领导说，重点不是这个。最后的结论，是先让当时是COO，现在是社长的玉塚陪我一起去谈判。向对方传达了公司的战略和诚意之后，我们便直接赶往当地协商。去了瑞士、意大利、德国，每去一个地方，都坐在制造商的高层领导中间，努力跟对方说明，想在日本做正宗的咖啡，想改变日本。对方可能会觉得奇怪吧，这帮日本人在胡说八道些什么呢？"

最终，CARIMALI 公司改良了机器，也在价格方面做了让步。项目组在东京市中心的实验获得了成功。

"以合理的价格出售比咖啡店味道更好的咖啡，我认为是可以做到的。使用 Ponta 可以减 30 日元，一杯中杯咖啡就由 180日元变成 150 日元。这一点广受好评，从数据上也可以看出，这项优惠带来了高回购率，增加了批量购买。"

领导层判断 FF 咖啡项目推广到日本全国的时机已经成熟。项目组成员，最多的时候超过了 60 人。

"你冲的咖啡是最好喝的，我要从你手里买咖啡"

要实现让顾客享受双重美味的目标，除了口感，还需要另一份美味，那便是服务。服务必须推广到日本全国各大门店。首先，罗森确立了以区域为单位独立进行培训的体制。培训内容涉及咖啡机的维修保养、服务等各方面。其次，为了让店员理解公司的理念，吉泽亲自飞往全国各家门店，滔滔不绝地向店员们讲解公司希望达成的目标、为了达成目标应该做些什么。

"由此诞生的是'天才球员'制度。

"'天才球员'指的是那些能够发自内心服务好每一位顾客的店员。'天才球员'制度就是邀请这些店员把服务客户的心得传授给其他店员，并对后者进行考核的制度。

"如果您去罗森，请一定仔细观察。在系着普通咖啡色围裙的店员中，有几个系着黑色围裙的人，他们就是'天才球员'。"

罗森认证的职业咖啡师在日本全国已经达到了 6000 人。据说，这个数字还在高速增长。这对于店员本身来说，也是一大激励。

"项目初期，我们跟门店进行了各种各样的讨论。听取了店主和店员的意见，多次讨论为做好'MACHI café'应该采取什么样的措施。"

那时，有一位店员代表提出了意见。

"总部的人或许不知道，我们为什么要在罗森工作。很多人以为是为了时薪，其实不是那样的。对我们来说，获得顾客、老板、店长的认可、表扬、感谢，才是最值得高兴的事。"

所以，这位员工提出不希望所有人都穿上"MACHI café"的咖啡色围裙。他表示，自己相当于咖啡这场球赛的开球手，职责重大，希望能与穿着蓝色制服的普通员工有所区别。

"这番话给我好好上了一课，让我意识到什么是店员工作的原动力。从那以后，我们确立了'天才球员'制度，认为必须给予努力工作的员工优厚的奖励。"

在不断传达理念、教授服务技巧的过程中，门店里渐渐地出现了吉泽最希望看到的场景。

"因为你冲的咖啡最好喝，所以我要来买你冲的咖啡。这样的顾客开始出现了，并且越来越多。顾客并非想在罗森买咖啡，而是指名道姓地说想从罗森的某个人手里买咖啡，想喝那个人冲的咖啡。"

吉泽再次意识到，单纯贩卖商品的时代正在走向终结。我们正在进入的这样的时代——比起购买的东西，更加关心从什么人手里购买。日本的商品已经多到饱和，真正的附加价值，是人。

只使用环保的咖啡豆

就这样，罗森在 2011 年推出了"MACHI café"。2013 年，7-ELEVEn 加入咖啡市场。但吉泽却说，他完全不关心谁先谁后。

"以财力为武器，全国门店同一时间引进，铺天盖地的广告，加上重视本国消费者的推广手段，很完美。"

前文也提到过，便利店并不害怕被模仿。反过来，加入的公司越多，越能进一步开拓市场。那时也是如此，7-ELEVEn 的大规模加入，一下子盘活了"便利店咖啡"的市场。罗森的顾客非但没有被竞争对手抢走，反而因为便利店也卖咖啡这件事广为人知，销售额得到了增长。

与此同时，自助式贩卖这一印象也被深深地烙进了大众脑海。罗森意识到自助式贩卖也有一定的市场需求。于是，除了既有的面对面销售模式，他们还在一些店铺里安装了自助式咖啡机，灵活应对顾客需求。

但是，重要的理念没有改变。对罗森来说，咖啡不是廉价的吸引消费者的手段，而是增强便利店与顾客联系的纽带。只有在罗森，才能享受到咖啡的双重美味。也就是说，罗森的咖啡与"便利店咖啡"，是相同却又不完全相同的两种概念。

"今后，市场会变得更加成熟。我认为在这个过程中，会出现真正意义上的筛选。对于顾客来说，究竟哪种才是最好的？"

是买完纸杯后自己冲咖啡？还是在收银台点单后接过店员冲好的咖啡？前文稍微提到过，在罗森看到的情况是，很少有人会选择自助购买咖啡。消费者对"天才球员"们的服务还是抱有期待的。

另外，自助购买的情况下，顾客也许不得不排两次队。收银台前点单、结账的时候排一次，用咖啡机冲咖啡的时候排一次。在罗森的收银台点单的话，排一次就够了。顾客可以在店员们爽朗的笑容中，接过刚刚冲泡好的咖啡。

除了味道，罗森在别的方面也提高了要求。

"从 2015 年 3 月份开始，我们只使用雨林联盟①认证过的农庄种植的咖啡豆。与我们合作的农庄，必须保证环保、保护热带雨林、不雇用童工、为劳动者提供改善生活环境的机会和教育场所。除了符合条件的农庄，我们不会使用其他地方的咖啡

---

① 总部设在美国纽约，是非营利性的国际非政府环境保护组织。其使命是通过改变土地利用模式、商业和消费者的行为，保护生物多样性和实现可持续生计。

豆。这也是我们花了三年时间，一步一步实现的。"

吉泽说，今后，他会将罗森的理念贯彻到底。门店对公司的理念也深有同感。直到现在，一线的员工都认为，从顾客那里收获赞美和感谢是最值得高兴的事。

在飞往世界各地进行咖啡机的谈判时，有一个画面让吉泽难以忘怀。

"当时的意大利，经济不稳定，人们的生活谈不上富裕。但是，当我去当地人喝咖啡的咖啡吧时，发现他们非常有活力。人们交谈着，脸上充满了灿烂的笑容。我觉得，能这样生活真好。同时我又想，从前的日本一定也有过这样的画面。"

站在街道拐角处的闲谈、水井边的闲谈等等。

"那不正是电影《永远的三丁目的夕阳》中的场景吗，邻居的大叔明明不是你爸爸，却敢训斥你、干涉你。时代当然在变化，这一点我承认，但我们要追求的不单单是便利，而是每个人都能在社会上找到容身之所，愉快地享受每一天。我觉得这才是我们要越来越重视的事。虽然听起来挺理想主义，但我认为便利店应该更加个性化，更加贴合每一个人的需求。每家店的产品可以完全不一样。"

参与了这个项目之后，吉泽的这个想法变得越来越强烈。

因为，他也对生产者的心情感同身受。

　　"我去了咖啡原产地之后，真的深有感触。农庄的人们极其用心、极其努力地栽培着咖啡豆。我想把他们的心意传达给日本的消费者。这种心意的传递，才是商业最本质的模样。并不是一开始就赚钱，而是一边回想着生产者满是笑容的脸，一边做生意，最后才是赚钱。我认为，罗森可以承担起这样的社会责任。"

第 **3** 章

"零防腐剂、零合成色素"，制造工厂面临的挑战

松本茂

商品本部日配商品部　米饭、加工面①、加工面包②担当部长

本田聪

日本库加利株式会社厚木工厂厂长

今井田英二

日本库加利株式会社厚木工厂制造部次长

———————

① 加工后的半成品面类食物。
② 加工面包，加工后的半成品面包。

一天生产3万份便当、3.2万份寿司、18万个饭团

现在，或许不少人依旧对便利店便当有深深的误解。我在写这本书的过程中向周围的熟人、朋友询问意见时，察觉到了这一点。特别是比我年长的朋友，对便利店便当几乎没什么好印象。

"里面加了很多防腐剂和添加剂吧？""太油腻了！""全是年轻人爱吃的玩意儿！"……事实上，罗森的便当并没有添加防腐剂和合成色素。早在十几年前就是如此，但人们丝毫不了解这一点。

而且，大家明明介意添加剂，却可以毫不在乎地吃下可能含有防腐剂和合成色素的超市便当和便当店便当。为什么大众只对便利店便当有这么大的误解呢？事实上，现在正写下这段话的我，对便利店便当的发展，也知之甚少。

我有幸去了生产便利店便当和饭团的工厂进行实地采访。罗森在创业初期，曾有一段时间自己制作便当。随着门店数量的增加，产量的需求逐渐增大，便委托给了外部工厂生产。

我有幸采访的工厂，是日本库加利株式会社的厚木工厂。

这家公司由日本水产100%出资。为神奈川全境、东京、静冈部分地区的115家门店，每天供应三次便当和饭团。公司员工45名，从业者总数550名。

最让人惊讶的是他们的生产量。一天要生产3万份便当、3.2万份寿司、18万个饭团，使用16吨大米。采访时恰逢2月，据说工厂做了10万条惠方卷①。这又一次让我认识到，便利店的商业规模有多么庞大。

而且，工厂每个月生产的产品也是不一样的。新产品层出不穷，一周做十种不同的产品是常有的事。每天应付如此巨大的产量和花样繁多的变化，还要保证产品的质量，能够兼顾这些的只有生产便利店便当、饭团的工厂了。

对便利店便当发展一无所知的我，最常光顾便利店的时期，大约是学生时代。这刚好是30多年前的事。那时，厂长本田聪刚刚进入日本库加利公司。他原本是厨师，前一份工作是在酒店。

我对便利店便当的印象，就是在30年前深深固定下来的。事实上，那个时候的本田，内心同样抱有疑问。

"偶尔吃到便利店便当时，我都觉得不好吃。有没有办法改

---

① 是一种相对较粗的手卷寿司，里面有腌葫芦条、黄瓜、鸡蛋卷、鳗鱼、肉松、椎茸等材料，代表着七福神，因此还被称为"招福卷""幸运卷""开运卷寿司"等。日本人有在节分时吃惠方卷的习惯。

善这种状况呢？我是怀着这样的想法进入公司的。"

入职后，本田也曾坦率地在公司内部说出了自己的疑问，为什么便当是这个味道。得到的回答是，如果不这样做，就无法保鲜。为了能长时间保存，不得不把便当做成这个味道。

"当时，社会上对防腐剂的意识还不高。"

然而，时代在改变。罗森在 2003 年 5 月，对外宣布将不再使用合成色素和防腐剂制作便当与饭团。改革按照首都圈、近畿①的顺序依次推进，到了 2005 年，日本全国的工厂都实施了这一方针。

---

① 日本本州中西部，包括京都府、大阪府、滋贺县等。

为了使产品能够长期保存，必须让工厂变得更干净

其他公司也有开始尝试零防腐剂、零合成色素的工厂。商品本部的米饭、加工面、加工面包担当部长松本茂说："哪怕是别人做过的事，只要是好事，我们也一定会效仿。"

当然，不采取什么措施是无法保鲜的。罗森想出的办法是使用纯天然的保鲜剂延缓食物腐败。不使用防腐剂，也能达到原先的防腐效果。

"所谓防腐剂，指的是能抑制食物上细菌滋生的物质。简单来说，就是要让食物保持酸性状态，所以味道会变酸。长期摄入这种防腐剂，对身体也不好。所以，我们改革的目标是，既不能使用防腐剂，又不能影响防腐效果。"

除此之外，对工厂的管理体制本身，也进行了很大的改革。

"即便是纯天然的保鲜剂，也尽量少用。为此，工厂采取了使环境变得更加清洁的整顿措施。"

工厂原有的卫生管理体制已经很严格，新采取的措施比原先更加严格。工厂实际的入室规则极其严苛，哪怕只是进入办公楼，也必须换上室内用的鞋子。

　　我从办公楼进入工厂时，工作人员早早为我备好了覆盖全身的衣服和鞋子。我的头上戴着橡胶制成的帽子，紧紧贴住头皮，嘴上戴着大大的口罩。走到别的建筑物几分钟，也要用肥皂洗手、消毒，用滚动式除尘器在 45 秒内将衣服上的附着物清除干净。

　　不仅如此，之后还要去四楼的风淋室①淋浴，完成这一整套程序才能进入厂房。进入厂房后，要用肥皂洗手消毒 45 秒。洗面台上摆放着刷子，连指甲缝也要仔细清洗。当然，私人物品是不允许带进厂房的。如果你提出想记笔记，就会有人递给你一张白纸、一块用来垫着的金属板、一支圆珠笔。每样东西都经过了彻底的消毒。

　　"单纯地不用防腐剂，并不能解决问题。所以工厂需要做出很大的改变。这种改变不是一朝一夕完成的，我们用了半年左右的时间做准备。洗手液也是，不同的情况下要用不同的洗手液。手套也是，食材不同必须更换不同的手套，这是我们的规定。围裙也必须更换。工厂里不允许搬入纸箱。我们真正实行了一套非常细致、严格的管理体制。"

---

　　①　一种通用性较强的局部净化设备，安装于洁净室与非洁净室之间。当人与货物要进入洁净区时，需经风淋室吹淋，其吹出的洁净空气可去除人与货物所携带的尘埃，能有效阻断或减少尘源进入洁净区。

总而言之，就是尽量不要将多余的物品带进工厂。外部的细菌进不来，就能阻止细菌繁殖。如果生产环境中有大量细菌，必然需要大量防腐剂。相反，如果把原本干净的食材放置在清洁的环境中，就能有效减少细菌滋生。如此细微之处，包含着工厂的努力。

　　此外，配送体制也发生了改变。工厂使用具备冷藏功能的卡车，可以基本做到在恒温的状态下运输食物。

　　另外，本田说，便利店不使用合成色素之后，发生了意想不到的事。

　　"刚刚改革的时候，许多顾客投诉我们。比如，饭团里的明太子的颜色很奇怪之类的。一般说到明太子，大家的第一印象就是鲜红色。但那其实是合成色素的颜色，真正的明太子是淡红色的。因为消费者还不习惯这一点，所以出现了这种情况。"

　　明明是对健康有益的食物，却遭到了投诉。松本也说。

　　"明太子本来就是那种颜色，红姜也一样。人工制造的颜色已经在人们的意识里根深蒂固了。"

　　反过来说，如果色彩鲜艳的便当卖得很好，那才奇怪。

　　话说回来，为什么人们对百货商店出售的便当和车站便当没有丝毫防备，却唯独对便利店便当没有好印象呢？如果真的介意防腐剂和合成色素，应该对所有便当——往大了说——应该对所有加工食品警惕到底吧。

在工厂加工烹饪，所以变好吃了

工厂在排除防腐剂和合成色素的同时，也在想方设法让食物变得更好吃。在味道改善方面，工厂进行了多次试验。恰好在那个时候，本田被调去负责工厂内部的产品开发工作。

制作罗森原创产品的工厂，会根据罗森发来的菜谱调配食材，把成品装入包装盒中，制成商品。以前在其他工厂工作的本田，从那时起开始负责近畿地区罗森的产品开发。

"过去的时代，是无论摆出什么样的商品都能卖掉的时代。门店数量也不多。但社会在不断变化，竞争变得越来越激烈，独立开发就变得很有必要。"

本田原本就是厨师，面对上司的期待，他自己决定努力尝试。

"举个例子，油炸食品。现在，冷冻技术越来越发达，哪怕直接把制造商送来的东西油炸一下，也能做出一定水准的食物。无论是炸猪排，还是炸白肉鱼，都是如此。"

工厂一天内必须制作数万份食品。因此，把制造商送来的高品质冷冻食品直接油炸、煮熟，将冷冻食品直接作为食材使用的做法已经成为业内主流。

"我完全没有说冷冻不好的意思。但是我认为，在工厂裏上面包糠油炸的食物确实更好吃。既然说了要让食物变得好吃，就理所当然地要做好基本的工作，首先就是烹饪。我们就这样，一点一点改变了做法。我们不再直接使用制造商送来的食品，而是在工厂里自己完成许多加工工序。"

这么做会花费更多时间、人力和成本。

"当然，也有一些食物用冷冻的材料更好。比如，手工制作的汉堡肉。做好后马上吃当然极其美味。但是，做成便利店便当摆在货架上数小时后，就会变得硬邦邦的，不再美味。在这方面，我们比不过制造商高超的技术。"

冷冻食品更好的情况下用冷冻食品，直接烹饪更好的情况下直接烹饪，以此改善食物的味道。现在在工厂里，许多食物都是工人亲手烹饪的。这种做法，大大提升了便利店便当的水准。

"日式的炖菜，基本上都是手工烹饪，拌菜也是。比如，金平牛蒡丝，我们会把食材炒熟，最后加入调味料拌好。便当里的意大利面也是亲手做的。为了追求食物的美味，亲手烹饪的食物变得越来越多。"

此外，油炸食品的原材料、食材也有了很大改变。

"我们在家里油炸食物的时候，会沾面粉，裹上鸡蛋液和面

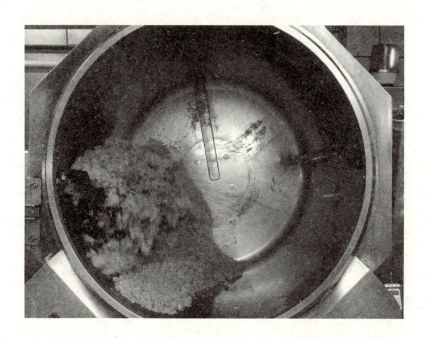

包糠。这种面粉和鸡蛋的混合物叫作面糊。面糊的作用很大，虽然我们肉眼看不见这一过程，但它在使油炸食品变得酥脆这方面，毫无疑问发挥了巨大作用。"

参观工厂时，我有幸见到了实际烹饪食材的场景。最让我吃惊的是炒饭。我曾听别人说过，便利店的炒饭不是炒出来的，而是用电饭锅蒸出来的。但实际情况并非如此，便利店的炒饭确实是炒出来的，所以才有一股焦香味。

"我们用一种叫高温旋转炒锅的机器炒饭。把几十人份的食材一次性倒入直径一两米的大锅，让其不停旋转。锅底用高热度的燃烧器加热，加热的地方经过了特殊改造。炒出的饭和用真正的炒锅做出的炒饭一样，同时又能实现量产。"

工厂想出制作炒饭的办法，并做出试制品后，曾经邀请一流酒店中式餐厅的厨师长试吃。

"对方很惊讶，说从没想过工厂能做出这么好吃的炒饭。我没想到对方给的评价这么高，感觉很开心。我对炒饭本身就很有信心，认为它就是有这么高的水准。"

精挑细选的指定米脱皮碾白后，必须在七日内使用，用改良后的蒸饭技术

另一种变得好吃的食物，是米饭。之所以变好吃，是有原因的，原因之一就是使用的大米和以前不一样了。松本说："2003 年成立的原材料采购部，去了原产地采购。指定米有三种，新潟高志水晶稻、制作饭团的高级米、制作便当和寿司的普通米。最高级的是新潟高志水晶稻，但人们通常习惯不加热直接吃饭团，所以我们选择了既有光泽度又好吃的大米。不同地区的饭团会混合不同品种的大米，虽然混合方法不同，但目的都是让米饭变得更好吃。在这方面，我们设定了严格的标准。"

在大米还是原材料的时候，工厂就开始重视其美味度。

"工厂制定了'碾米后七日内使用完毕'的规定。"

从前的工厂无法检验如此细微的环节。与过去供不应求的时代相反，现在的工厂被要求按照普通家庭的标准管理。所以米饭的味道才会有质的提升。关于这一点，本田还有话说。

"每天都有新的大米运入工厂。所以我们定的标准是，当天运入的大米必须当天使用。"

大米变得好吃的另一个原因，是蒸饭技术的革新。蒸饭使用的电饭煲变得越来越先进。本田说："现在社会上的主流是，用同一种锅煮饭。你可以想象一下普通家庭与餐厅、食堂使用同一类型的电饭煲是什么景象。现在家庭用的电饭锅厚度增加了，锅本身的质量越来越好，火力相对得到提升。食堂、餐厅用的电饭锅则能煮出软硬适中的米饭。以上种种，均得益于现在的电饭煲技术。"

　　原先，工厂使用燃气加热大锅，但燃气大小的调节全凭工人的手感和经验。

　　我有幸见到了实际煮饭的过程，所有一切都是全自动的。直径50厘米、深30厘米的巨型大锅，一次可以蒸熟15吨大米。米桶自动将大米倒入锅中，洗米、控干都是自动的。之后，为了让大米充分吸收水分，会将其静置一段时间。米饭蒸熟后还需要焖制、冷却。整个过程需要花费大约两个小时。两条生产线160口大锅同时运作，规模之庞大超乎想象。

　　"生米的种类虽然只有三种，但煮饭的米有25种左右。有白米，有调过味的米，还有醋饭①。每一种饭，烹饪的火候都有细微差异。我们会以锅为单位区分不同的米，每锅用不同的火力蒸制。"

---

　　① 制作寿司的一种材料。

　　将精挑细选的新鲜米按照不同的用途仔细蒸熟。之后进行的这一步，是便利店的工厂才会注意到的重要步骤。

　　"必须马上冷却。厚木工厂在生产线的最后环节添加了冷却设备。米饭蒸熟后马上可以冷却出货。如果不冷却，任由它在高温的状态下静置，细菌便会滋生。所以，必须瞬间冷却到20℃左右。"

　　便当里的配菜也是如此。加热能暂时杀死细菌，放置在一旁不管的话，到了 30℃ ~ 40℃，细菌又会再次繁殖。工厂的卫生管理自然是全面的，但再怎么全面，也不能彻底隔离空气中漂浮的细菌。所以，冷却是必要的。

　　吃过街边便当店便当的人，有时会觉得米饭的味道奇怪。这多是米饭蒸熟后，直接放在一边自然冷却的缘故。将热腾腾的食物放置在一旁，味道自然会变差。

　　蒸熟后的米饭会被立刻从锅里转移到干净的传送带上，慢慢与空气接触，然后进入冷却程序，瞬间被冷却。接下来，冷却后的米饭会被装入专用的容器，运往便当、饭团的生产线。

让米饭充分与空气接触，蓬松的米饭是做出美味饭团的诀窍

市面上存在各种各样的便利商店，饭团的味道有着细微的差别。当然，每个人都有各自的喜好。我这么说或许有自卖自夸的嫌疑，但读小学的女儿对我说过，罗森的饭团是最好吃的。她希望我问一问罗森的工作人员，罗森饭团好吃的秘诀是什么。于是采访的时候，我单刀直入地抛出了这个问题。

本田说："最基本的一点是，罗森的米饭很好吃。大米本身是优质米，烹饪方法也很讲究。除此之外还有一点，可能很多人也知道，做饭团最重要的，就是让米饭与空气充分接触，使米饭变得蓬松。用力把米饭捏成一团是不行的。我们为了让米饭充分与空气接触，拜托厂家制作了专门的饭团成型机。"

饭团的生产线，大约有十二米长。长方形薄板状的米饭被传送过来之后，工人会在米饭上放置配菜。这个步骤是手工完成的。之后，米饭会被成型机轻轻地揉捏，慢慢捏成三角形，变成饭团。

"饭团被捏成三角形时，会经历机器的二次碾压。机器会用十分轻柔的力度把米饭捏成团状。我们使用的成型机，对米饭

十分友好。"

成型机将添加了配菜的饭团制作完毕后，会自动将饭团表面打磨光滑。

然后，经过自动重量检查和金属检查后，门店销售的饭团就制作完毕了。重量不足的饭团将被弃置。

在寿司制作方面，工厂也下了一番苦功。本田说，他们极大地改良了制作寿司的混合醋。松本补充道，在改良混合醋之前，他们还添加了一道只有专业人士才知道的秘密工序。"做寿司饭时，专业人士会在混合醋里加入烤海带。这是资深寿司师傅告诉我的诀窍。这样做，可以使寿司饭更美味。"

据说从前，工厂的做法是，计算着时间把大块的海带丢进全自动的锅中。但其实并不需要这样做。

"后来我们明白了，只要在开始的时候把用烤海带熬的汤倒入混合醋里就行了。所以，有不少顾客夸我们，说罗森寿司里的米饭很好吃。"

有顾客评价，寿司卷的味道特别温和。

"对寿司店来说，这种做法可能是稀松平常的。但这样的知识是书本上学不到的。可偏偏就是这种细节上的不同，使食物的味道提升了好几个档次。如果生产方有懂得烹饪的人，就会留意到这些细节。如果有人能够指点一二，说这样做出来的产品才好吃，那就再好不过了。从这点来说，罗森很幸运。但现实情况是，一些负责产品开发的人完全不懂烹饪。他们很有可能注意不到那些让食物变好吃的窍门，所以必须加以提醒。"

本田说，工厂也改良了制作寿司的成型器。寿司的生产线与饭团一样长，不同之处在于，醋饭被铺成了宽12厘米的长长的薄板。工人们手工将配菜放入醋饭后，机器将醋饭卷成卷状，切成必要的长度，最后用海苔包裹，便利店寿司就做好了。

"醋饭被轻柔地铺成长长的薄板。与饭团使用的米饭一样，这么做能让米饭变得蓬松。要做到这一点并不容易，所以我们拜托厂家制作了专门的机器。当然，机器并不是一开始就达到了这个效果，我们一边使用一边提出改良意见，最后才做出了理想中的机器。"

新产品发售前，需要进行生产线测试

日本库加利厚木工厂制造部次长今井田英二说道："我们对味道的要求越来越高，所以不得不花费更多人力和时间。与将制造商送来的半成品迅速加工一下的时代相比，现在多了许多从零开始制作的产品，所以人工费必然会增加。但是，为了让消费者吃到美味的食物，这些工序是必不可少的。我的工作，就是想方设法提高工厂效率。"

工厂收到的订单，并不是好几天前的订单。举个例子，早上罗森各门店订购的便当，会要求在当天晚上交货。订单总是来得猝不及防。

"所以，我们必须具备应对突发情况的措施和生产能力，作为生产者，平时就要下许多功夫。比如，必须由两个人完成的步骤，怎样做到一个人也能完成。同时，还要保证味道的稳定性、装盘量不会出现偏差。"

然而，越是被逼到绝境，越有可能催生技术革新。

"能减少人工操作的地方尽量减少人工操作。比如，从前我们要用测量器计算重量后才能装盘，现在则开发出了无须测量的自动填充机。工厂也会和工务课或厂家商量，自主研发一些世界上没有的新机器，改进生产效率。"

除了大量生产和突如其来的订单，便当的配菜还会不断发生变化，这对工厂来说是最大的挑战。一旦便当发生变化，负责装盘的生产线也必须改变。

"不同的便当，配菜和装盘的件数完全不同。所以我们会在新产品发售的前一周，进行生产线测试。生产线要按照什么顺序排列、放置配菜的流程能不能顺利进行、米饭成型机的速度是多少、传送带的速度是多少、完成这种便当的装盘需要几个人……这些问题都要在发售前解决。"

工厂需要提前测试一个小时内的生产率，计算能够制造多少份产品。

"当对方开发出美味的产品，决定发售时，我们知道了会收到大量订单，就必须考虑多长时间内需要生产多少产品，怎样做才能满足供货量。这些都是必须经常思考的问题。"

如果不这样做，就会马上出现供货不足的情况。所以，必须事先做好精密的计算。

"调配的原材料数量巨大，所以无论如何都是要仔细检查的。"

从原材料的调配到加工，再到产品的制造，每一个步骤都凝聚着无数人的智慧和努力。便利店每天都对外出售便当和饭

团。每天，都有人为此努力奋斗。而且，便利店仍然在不断地
改良、进步。

本田最后说的一番话，让我印象深刻。

"虽然我的工作与食品有关，但自己做菜却不大讲究。不
过，做给别人吃就不一样了，我会格外用心。罗森总部、加盟
店的员工和我们是一样的。我们脑子里时常想的一件事，就是
如何让顾客吃到美味的食物，收获幸福感、满足感。"

第 4 章

公司投资的"罗森农场"，
直接向门店供应蔬菜

前田淳
执行董事　商品本部副本部长

生产与农业管理交给农民，罗森只负责销售

开始写这本书后，为了重新观察许久未审视过的便利店，我多次前往罗森。其中最让我惊讶的，是贩卖蔬菜的档口大大增加了。

卷心菜、大葱、土豆、洋葱、牛蒡、芋头、白萝卜、菠菜、玉米……蔬菜的品种丰富了许多。但更让我感到惊讶的是，便利店的货架上摆满了袋装的半成品蔬菜。

那时我才第一次知道，原来便利店也会出售半成品蔬菜。而且，每一袋蔬菜的名字也颇有讲究。

"使用重视土壤品质的中嶋农法培育的卷心菜丝""新鲜爽脆的白萝卜混合沙拉""爽口豆芽菜""五种蔬菜与黑木耳混合而成的营养均衡炒蔬菜"……

关于中嶋农法，后文会详细讲解，它是一种通过平衡土壤矿物质，培育健康蔬菜的种植方法。罗森出售的，正是用这种方法培育的蔬菜，每袋的价格仅为 100 日元左右。

我试着买了一袋回家，真的让人大吃一惊。味道实在太好了。我买的是"使用重视土壤品质的中嶋农法培育的卷心菜

丝"。虽然是半成品蔬菜，却完全没有消毒水的异味。这一点，连我的妻子都感到惊讶。据说这款产品不需要额外清洗，所以我们直接把卷心菜丝倒在盘子里，淋上沙拉酱后，连上小学的女儿都忍不住伸手拿了一根，津津有味地吃了起来。

说来实在惭愧，我竟不知道便利店会出售如此美味的半成品蔬菜。但是，对那些立志健康饮食的年轻人来说，这似乎已经变成常识。在大学校园，不少学生都会购买半成品蔬菜，浇上罗森出售的一次性沙拉酱，把装在袋子里的蔬菜直接当沙拉吃。我十分理解他们这么做的原因，因为实在太好吃了。

罗森对蔬菜的味道有绝对的信心，这也是有原因的。罗森有自己的农场，名为"罗森农场"。摆在门店的新鲜蔬菜，都是由罗森农场直接提供的。

罗森农场是农业生产法人①，从北海道到鹿儿岛，已在日本全国拥有 23 个据点。农场创建于 2010 年，负责该项目的是罗森的执行董事、商品本部副本部长前田淳。

2005 年，罗森创立了售卖生鲜产品的"罗森 100"，2008 年又将"99Plus"收入旗下，不断增加出售生鲜产品的便利店。生鲜便利店项目的负责人，正是前田。2009 年，社长给前田打了一通电话，对他说，我们搞农业吧，不搞农业就无法了解蔬菜，我们要建一家农场。

---

① 指被许可拥有及借贷农用土地的农业法人。

"1980 年,我加入罗森。当时我才 24 岁,就被任命为首席采购员,负责采购蔬菜。因为当时实在人手不足,我们团队的办公地点就在中央批发市场。这是个人脉和经验说了算的世界。所以,虽然我已经负责了很长时间的生鲜项目,但听到要搞农业的消息时,还是吓了一跳,觉得社长异想天开。"

如今的前田,对农业和农民可谓相当了解,但当时并非如此。从那之后,罗森鼓励负责销售的人员直接参与农场的经营,承担生产任务。但是,其中的艰辛,只有前田明白。

日本农业，如今正陷入危机

罗森农场75%的股份属于农民，罗森占15%，剩下的10%属于合作伙伴。

"我们是销售领域的专家，但在农业这方面是外行。农业讲究每一块土地使用合适的耕种和栽培方法，重视人与人之间的联系。在这个过程中培育出来的，才叫农作物。因此，只有我们自己是无法做好农业的。"

公司要做农业，最常见的做法就是百分之百控股，经营一整座农场。但罗森的做法不一样。

"罗森有销售途径，大家可以各司其职。有人负责生产，把控整体的生产流程，有人负责制订农业生产计划，有人负责营业和销售。"

但是，罗森农场整体的经营责任却由罗森承担。

"农民有四分之三的表决权，董事会人数也超过一半。农场的经营以农民为主，但是一旦出现问题，日本全国的罗森依然会对农民负责。我们当然不会说'不关我们的事'之类的话，也不会只承担15%的责任。经营责任完全由罗森承担。"

不过，话说回来，为什么罗森要涉足农业呢？更进一步说，为什么要栽培蔬菜呢？前田的回答是，为了开发新客户。从前，便利店的目标客户是年轻人、男性，但是现在，罗森希望老年人、上了年纪的女性、年轻妈妈等消费群体也能更多地光顾便利店。

"我们一直有个疑问，长久以来，便利店给人的印象是只卖便当、饭团、饮料、香烟、酒、点心的地方，难道不能做出一些改变吗？与普通便利店完全相反，成为生鲜便利店。事实上，生鲜便利店的消费人群与普通便利店完全不同，所以我们想把这部分人群也吸引到普通便利店。"

罗森涉足农业还有另一个原因，那就是日本农业已经处于危机状态。

"日本从事农业生产的人数逐年减少。八年前有超过 300 万人务农，现在只剩下约 220 万人。而且，其中 60% 以上的人超过 65 岁。还有一点，被弃置的农业用地，也就是农耕弃置地的面积在逐年扩大。1980 年 12 万公顷左右的农耕弃置地，2010 年扩大到了 40 万公顷。面积相当于两个东京，也就是说，两个东京一般大小的农业用地被闲置在了一旁。"

不仅如此，日本农业还存在其他问题。那就是多为个人经营，做不到产业化、组织化。主要从事农业生产的家庭，总收入中的农业收入也远低于国民平均收入（2011 年统计值为 548 万日元）。农民只能通过其他副业收入维持生计。

"我们调查了经营形态，发现个人经营占九成以上。收入方面，家庭总收入普遍不到 600 万日元。"

继续发展下去，日本农业极有可能走向毁灭，不会再有人愿意种植水稻、蔬菜。简而言之，现在必须做的，是实现农业的产业化、组织化，调整农业结构，使农民也能赚到钱。这正是罗森肩负的使命。

培养新时代年轻的务农者，为地方做贡献

前田最先开始做的，是归纳总结罗森农场的基本思路。即总结罗森开设农场的目的。

"首要目的，是给罗森集团提供稳定的蔬菜水果供应基地。"

随着农业人口老龄化进程的发展，今后从事农业生产的人数将大大减少，极有可能出现供给困难的情况。因此，为了确保国产优质蔬果的稳定供应，必须提前圈占优质产地。这对于流通业的公司来说，是理所当然的战略部署。

许多农户加入了农业相关组织，有稳定的出货渠道。其中最具代表性的，就是 JA①。但是如果把货供应给 JA，就不能批发给其他零售商。所以除了加入农业组织的农户，还存在一些游离在组织之外的农户。罗森的策略，就是与这些农户合作。

"目前，重新整合后的'全中'② 解体，民间纷纷议论'农

---

① 日本农业协同工会，简称日本农协，在日本通常称 JA，即英文 Japan Agricultural Co-operatives 的缩写。

② 隶属于日本农协的全国农协中央会。

协'是否会股份公司化。今后，农民将农作物供应给农业组织的局面或许会发生改变。我们认为，与拥有独立销售渠道的优秀农户合作，才是保证蔬果供应稳定性的关键。"

此外，罗森农场的一个关键词是，年轻的务农者。

"我们希望培养一些年轻的务农者，让他们成为新时代的中流砥柱，盘活地方产业，为地方做贡献。"

罗森农场招募合作农户时，曾列出若干苛刻的条件。例如，必须是大农户、拥有超过二十公顷的土地。除此之外，最重要的条件是，家里有两个以上的孩子务农，其中一个孩子可以出任社长。

罗森从一开始就考虑，让年轻的务农者占据领导层的位置。事实上，在罗森农场，许多社长都是二三十岁的年轻人。

罗森培养新时代的务农者，目的是成立一个能够成为地方经济核心的农业生产法人。同时，罗森会收购非罗森农场生产的农作物，希望以此盘活地方经济。

"为了实现这个目标，我们要推进六次产业化①改革。比如，'罗森农场千叶'就成立了能够对农作物进行简单加工的香取②

---

① 六次产业化的理论由日本学者今村奈良臣首次提出，"第六产业"是第一、第二、第三产业的乘积，意在强调农村第一产业（种植业）、第二产业（农产品加工）、第三产业（销售业及产品加工）的融合发展，基于产业链延伸和产业范围拓展，推进农村一、二、三产业之间的整合和链接。

② 地名，位于千叶县。

加工中心，在香取加工中心加工好的半成品会被送往以千叶县
为中心的制造工厂。"

另一个关键词，是生产技术和经营能力的提高。

"我们通过亲自参与农业生产，进一步加深对农业的理解。
努力做到计划生产、计划销售组织化。"

在实际操作中，罗森开发了用于农业生产的云辅助系统和
用于农业经营管理的云会计系统。目的在于，打造一个能够管
理发货量、发货日期，核对发货地址的发货系统。能够自动处
理季度财务结算的会计系统，也广受好评。

此外，罗森还在中嶋农法的指导下进行土地改良和生产过
程管理，促进农场间的交流，举办学习会，提高栽培技术，与
种苗厂家合作，推进种苗的开发。

"简而言之，我们培养年轻人才，为地方做贡献。作为回
报，罗森能获得稳定的供货源。这是第一产业与流通业的合作，
希望可以擦出新的火花。"

罗森的第一座农场——"罗森农场千叶"成立时，距离社
长那通电话已经过去了一年的时间。这条路，走得并不顺利。

拜访了1000多家农户，甚至被人扔烟灰缸

如今在日本全国设立据点，闻名整个农业界的罗森农场，最初可以说是前途未卜。前田拜访了地区数一数二的农户，但对方的反应很冷淡。

"有好几次，我穿着西装，系着领带，提着公文包，一边说着'你好哇'，一边走进别人家，结果人家一看到就把我轰出来了。有时，连烟灰缸和白萝卜都会跟着一起飞出来。"

政府进一步放宽农地法的规定，企业参与农业生产的新闻屡见报端。然而，企业留给农户的印象却是，一旦进展不顺利便马上撤退，一出现问题就更换负责人，最终留下一堆处理不完的烂摊子，拂袖而去。

"听农户说，有各种各样的企业找上门，要跟他们签合同。其中，只有罗森愿意出资，和农户一起成立法人。对我来说，能做的唯有把自己的热情传达给对方。"

罗森的想法，是农户负责大部分的蔬果生产，罗森将农作物全部购买下来，从而形成一个稳定的经营模式。同时，与农

户分享一些零售、会计管理方面的专业知识。农民是农业生产技术的专家。所以罗森的方针是，除了 IT 化等小部分环节，一概不干涉农业生产。

"我们并没有抱着玩一玩的心态来做这件事。但是，反过来说，我们最有力的武器，也只有认真。"

但是，这份纯粹的认真打动了一家又一家农户。2010 年 6 月，罗森成立了第一个农场——罗森农场千叶。2011 年 4 月在鹿儿岛，6 月在十胜等地也创立了农场。农场以一年两到三家的速度逐年增加。前田每年拜访 150 到 200 家农户，至今已拜访了超过 1000 家农户。

"刚开始的时候很耗时间。和一户人家打交道也要花费半年时间。但是后来，我们的很多理念获得了农户的赞同，从而打开了局面。农户们其实都是通情达理的好人，只要和和气气地把心意传达出去，对方是能够理解的。而且，他们是地区数一数二的农户，人脉广，手头有资源，会不断地向我们推荐其他农户。"

此外，新时代的农业应该交给年轻一代的理念，似乎也发挥了巨大作用。

"中嵨农法、IT 化、计划生产对他们而言都很有吸引力，但最有吸引力的，还是自家孩子有机会当上罗森的关联公司——

罗森农场的社长这件事。长子继承家业，次子当上罗森农场的社长，这样的案例也是有的。"

对农户而言，增加了新的可能性。所以现在，越来越多的农户开始向罗森主动咨询农场项目。

制作关东煮的白萝卜，从田里拔出后一个小时内即可运往工厂

在我进行采访的 2015 年 3 月这个时间点，罗森农场在日本全国已设立 23 个据点。前文也提到过，北至北海道，南至鹿儿岛。

"日本列岛是长条形的，所以必须使产地能一个接一个地接力下去。比如白萝卜，最开始成熟的地方是鹿儿岛，然后是千叶县，一瞬间跨越到了东北地区①，最后又到了北海道的十胜。这样做，可以确保全年都有新鲜的白萝卜。"

得益于此，罗森门店里长年摆放着、烹饪着新鲜蔬菜。《用农业发光，罗森农场的挑战》（菅圣子著，橙色书页出版）一书曾详细描写了罗森农场。

比如，罗森农场千叶的胡萝卜是一年两收。收获当天，人们会在农场内的加工间清洗、打包收获的胡萝卜，第二天一早发货。24 小时内，胡萝卜就会被摆上不同门店的货架。刚刚从田里拔出的胡萝卜，鲜度还未改变，就能被摆上普通人家的餐桌，这种速度感是罗森农场最大的特征。罗森农场千叶，每天

---

① 日本本州岛北部，包括青森、岩手、秋田、山形、宫城、福岛六县。

向关东地区的罗森提供 1200 包、向罗森 100 提供 3000 包胡萝卜。除了胡萝卜，他们还供应白萝卜、小松菜、菠菜等蔬菜。

此外，罗森出售的热气腾腾的关东煮中，最受欢迎的食材——白萝卜大部分出自罗森农场鸟取。生长在大山山麓广阔农田里的白萝卜，收割之后一个小时内即可被运往工厂。到了工厂之后，被工人在巨大的水槽中清洗干净，用筒状模具切成直径 6 厘米、厚 3 厘米的萝卜块，这便是关东煮的白萝卜大小一致的原因。随后，工人们将萝卜块与调味液一起打包，加热杀菌。萝卜在包装袋中吸足了调料，逐渐变得柔软。据说萝卜块七成的调味，都是在这道工序完成的。

这种萝卜块最大的特征是新鲜。全年内，收获的白萝卜都会在一小时之内被运往工厂。早上从田里拔出的新鲜萝卜，到了傍晚就会被制成关东煮。高峰时期，一天能生产 10 万个这样的萝卜块。

前田说："许多顾客夸我们，说罗森关东煮里的白萝卜很好吃。我今天在这敢说，请大家务必跟其他店的白萝卜比较着吃吃看，罗森的绝对更好吃，因为鲜度是不一样的。"

矿物营养均衡的蔬菜

　　罗森农场在农场经营方面已取得优良成绩。罗森农场千叶以往的年销售额约五千万日元，2014 年的实际销售额达到了三亿日元。23 家农场整体的销售额约十五亿日元。这个数字，占罗森集团蔬果销售额的 7%。农场总面积约 170 公顷，建筑物总面积 4.9 公顷，工厂面积 5760 平方米。

日本全国的罗森农场　23 处

（2015 年 3 月为止）

罗森农场北海道岩内

罗森农场北海道本别

罗森农场十胜

罗森农场秋田

罗森农场石卷

罗森农场新潟

罗森农场茨城

罗岑农场千叶

罗森农场山梨

罗森农场爱知

罗森农场爱知丰桥

罗森农场兵库

罗森农场鸟取

罗森农场广岛神石高原町

罗森农场爱媛

罗森农场大分

罗森农场大分丰后大野

罗森农场长崎

罗森农场熊本

罗森农场宫崎

罗森农场萨摩

罗森农场市来串木野

罗森农场鹿儿岛

如上所示，23家农场的分布地域范围之广，可见一斑。

并且，据前田说，所有的农场几乎都在使用中嶋农法，且获得了生产安全农作物农场的认证（JGAP）。

中嶋农法，是理学博士中嶋常允氏提出的栽培方法。目的在于平衡土壤营养（矿物质平衡），为农作物的生长提供适量的养分。

"矿物质只占人体的 4%，但在维持、调节生理机能方面是
不可或缺的。我们经常会拿汽车来打比方，氧、氢、碳、氮四
大元素是汽油，矿物质就类似于发动机润滑油。"

缺少矿物质，可能引发哮喘、贫血、食欲不振、动脉硬化、
便秘、自律神经失调症、皮肤炎、神经紧张、失眠症、嗅觉与
味觉的衰退、学习能力下降、色斑以及味觉障碍。

"虽然矿物质对人体十分重要，但人体并不能自动合成。所
以定期摄入颗粒微小易吸收的植物性矿物质就变得至关重要。
其中，蔬菜的吸收率高达 98%。"

"中嶋农法着眼于调节矿物质平衡，由两项基本技术组成。
一项是在土壤诊断的基础上，培养健康土壤的技术；另一项是
生长控制技术，目的是维护农作物的健康生长。"前文介绍过的
《用农业发光，罗森农场的挑战》一书中，有这样一段话。

事实上，日本的农田在化学肥料、农药的作用下已变得疲
劳不堪。美国式的饮食习惯和农业生产方式被引进到日本后，
使用化学肥料补充氮、磷酸、钾，可以提高农作物的产量已经
成为民间的共识。但这种做法使土壤变得越来越贫瘠。大部分
日本的农田都含有过量的氮、磷酸、钾，矿物质严重不足。矿
物质不足的土壤培育出的蔬菜，天然地缺少矿物质成分。我们
不能再吃贫瘠的土壤种出的贫瘠的蔬菜了。缺乏矿物质的蔬菜

缺乏生命力，也会给食用的人造成不良影响……

前田说："中嶋农法培育出的蔬菜，有三个特点。第一个特点是，除了矿物质，氨基酸和糖分的含量也比普通蔬菜高，因而更加可口；第二个特点是，增加了矿物质成分和机能性成分，营养价值更高；第三个特点是，农作物都是在健康、安全的环境下生长的，减少了农药的喷洒次数，所以安全性比较高。中嶋农法是名副其实的能够培育出安全又美味的高品质蔬果的栽培方法。"

然而，中嶋农法并不是简单的栽培法。要想贴上"中嶋农法种植"这个标签，必须通过两项技术认证。即在土壤诊断的基础上培养健康土壤的技术和维护农作物健康生长的生长控制技术。通过中嶋农法的认证，包括土壤培养的时间在内，至少需要三年。

通过技术认证并非易事，但罗森已有两座农场获得了认证。其他为了获得认证，正在使用中嶋农法的农场则加入了"矿物质栽培友之会"，成为会员。农场内部的管理，就是如此严格。

蔬菜生命力旺盛,仔细清洗后不会散发消毒水的异味

我想继续聊一聊章节开头提到的半成品蔬菜。为什么罗森敢于如此高调地销售半成品蔬菜呢?那是因为他们对农场种植的蔬菜有极强的自信心,认为这种富含多种矿物质、美味可口的蔬菜足以摆在门店最显眼的位置。

半成品蔬菜最大的优点在于,买回家后不用在自家厨房处理,可以直接使用。但消费者对半成品蔬菜的成见很深,认为半成品蔬菜总有一股消毒水的异味。罗森向这种成见发起了正面挑战。

比如,我吃过的"使用重视土壤品质的中嶋农法培育的卷心菜丝",就完全没有半成品蔬菜惯有的消毒水味。原因在于,罗森推广的蔬菜种植法非常重视土壤品质。

前田说:"清洗半成品蔬菜已变成国家卫生法中的明文规定。但罗森的蔬菜原本就具备旺盛的生命力,可以酌情降低消毒水的浓度。即使消毒水的浓度降低了,我们也能通过国家标准。生命力不强的蔬菜,才需要增加消毒水浓度,所以当然会有消毒水的异味。"

在清洗作为原材料使用的蔬菜时，罗森不仅会调低消毒液的浓度，还会使用大量清水反复冲洗。前田说，对于冲洗的时间，他们不敢有任何缩减。

"因为我们要做的是消费者直接入口的产品，所以不能残留任何消毒水的味道。请大家有机会的时候，一定要打开罗森的半成品蔬菜，闻一闻蔬菜的味道，绝对不会有消毒水的异味。"

生命力不强的蔬菜需要用高浓度的消毒水清洗，因而会有氯残留。如果漂洗不到位，则会残留得更多。前田说，希望大家对比一下罗森的半成品蔬菜和普通半成品蔬菜。

"最重要的是看颜色，有的半成品蔬菜颜色发白，那是使用了大量消毒水清洗的证据。蔬菜原本的颜色是绿色。罗森的半成品蔬菜，就是绿色的。"

罗森的蔬菜，塑料袋中没有加入氮气，只会在最后用冷水浸泡，保证爽脆的口感，然后脱水。前田说，门店里的蔬菜之所以能够长时间保鲜，是因为蔬菜本身鲜度高，生命力旺盛。

"与花费的时间和劳力相比，罗森半成品蔬菜的售价低廉到不可思议的地步。因为我们想让更多的人品尝到这种蔬菜。尤其是对半成品蔬菜印象不太好的顾客，请一定要尝一尝用中嶋农法种出来的蔬菜，矿物质栽培友之会的蔬菜。"

自罗森农场项目启动以来，已经过去五年。前田的挑战并没有结束。据说，在 2015 年，现有的 23 座农场计划增加到

30 座。

"我们想让更多的人吃到美味的蔬菜水果。罗森的蔬菜和别的地方不一样，真的好吃。这份工作最让人开心的地方，就是能让许多人收获满足。与此同时，我们的肩上也背着一份责任。虽然力量还不够强大，但必须有人去做，有人去行动。从这层意义上来说，我觉得很荣幸，无论走到哪里，我们都能昂首挺胸、自信满满地说，我们为日本农业的未来做出了贡献。因为这正是我们一点一滴，亲手打造的事业。"

除此之外，最重要的是与农民合作。

"我们是大公司，所以可以要手段、利用农民，这么想的话就大错特错了。获得农民的信任是很重要的，大家必须齐心协力才能成功。最开始的时候，你要和对方一起喝酒，倾听他们的心声。每年罗森农场都会举办一次社长会，各家农场的社长齐聚一堂。有机会的话，请一定来参加，你会发现，大家的眼睛都闪着光。"

第 **5** 章

不知不觉中，"健康"食品
接二连三被摆上罗森货架

伊藤一人

商品本部　本部长助理兼健康产品开发项目负责人

健康食品的销售额由 600 亿日元增加到 3000 亿日元

不使用添加剂的甜点、低糖面包、零防腐剂和零合成色素的便当、重视土壤品质的蔬菜栽培法……之前也介绍过，罗森的做法，一个接一个地打破了便利店的固有印象。其中一以贯之的理念，毫无疑问只有一个，那就是"健康"。

2013 年秋天，罗森将公司的宣传口号从"城市的安心小站"变更为"城市的健康小站"。这等同于将罗森追求的理念大张旗鼓地宣扬了出去。

与此同时，公司内部设定了目标。当时，与"健康"相关的商品，销售额为 600 亿日元，在食品类商品的整体销售额中占 6% 左右。但中期计划将目标提高到了 3000 亿日元，占整体销售额的 25%。目标金额是实际金额的五倍，可以说十分大胆。

一边推进"健康"产品的开发，一边潜移默化地影响着其他部门的项目领航者，是商品本部本部长助理兼健康产品开发项目负责人伊藤一人。他的工作，是将"城市的健康小站"这一构想落实到产品开发中。

伊藤以"传说中的产品开发者"这一名号闻名公司内部。

改变了人们对罗森饭团固有印象的"饭团屋"牌，就是由伊藤一手打造的。

"那只是巧合。社长在开早会的时候突然问，谁负责饭团，把手举一下。我就举手了，结果社长突然说，就你了，你负责这个项目吧。后来他还跟我道歉了，说决定得太突然。"

从那以后，伊藤就开始负责罗森的旗舰项目。罗森最擅长做的产品是什么？反复比较后得出的结论，是饭团。

"那时，选择饭团有两层意思，一层是想打造一个专属罗森的饭团品牌，另一层意思是想让饭团项目变成改革的旗帜，开展公司内部的风气改革。"

实施"饭团屋"项目的过程中，领导层下达了"公司内部横向交流，聚集大量骨干员工，集思广益，讨论决策"的指示。领导对伊藤说："在生产环节方面，你是专家，但我们不仅要改革生产环节，还要改革公司内部的整体风气。不拘泥于职位，动员每个人为了罗森的未来，积极努力地思考。"

自那以后，伊藤氏经历了一年左右的"难产期"，他将员工们的意见整合起来，设计并打造了"饭团屋"牌。

"那时，员工们的一致想法是制作一款长期受顾客喜爱的产品。饭团是日本人的灵魂食品，如今在便利店也能买到。所以大家想将随处可见的便利店饭团做精做细，做到比任何地方的饭团更加好吃。罗森的"饭团屋"，就是在这种情况下诞生的"。

当时，日本社会恰好处于通货紧缩的状态。一份汉堡肉卖650日元，牛肉盖浇饭连锁店接二连三地降价。便利店也逐渐支撑不住，出现了降价的趋势。此时，骨干员工们站了出来。

"一味地降价是对的吗？罗森想做的到底是什么？我们开便利店的，究竟想对谁传达些什么呢？我们决定，从头开始思考这些问题。"

由此诞生的，便是哪怕一粒米也要亲手制作的饭团制作法。

实现了"用新潟高志水晶稻制作饭团"这一大胆设想

伊藤想在饭团上实践服装行业有名的 SPA（自有品牌专业零售商经营）模式。

"意思就是，从生产到顾客品尝到饭团，所有中间环节都由我们一手包办。"

这么做当然要花费不少时间精力。在那个通货紧缩的时代，罗森依旧希望做出原材料考究的高级饭团。这款"饭团屋"最终大获成功。

"这也是一个偶然。'饭团屋'比预期中更加符合那个时代的需求，所以卖得很好。"

但是，"饭团屋"饭团从产品开发到摆上货架，花费了一年多的时间。原因很简单。

"我们想在大米上做文章，因为大米是农作物，一年成熟一次，所以哪怕项目已经成立，我们也无法立刻获得大米。"

伊藤给"饭团屋"的定位是"受大家喜爱的饭团屋"。他想使用当时的高级米——名噪一时的新潟高志水晶稻制作美味的饭团。但是，罗森当时有 7000 家门店，一时间根本无法调配到满足全部店铺需要的新潟高志水晶稻。

"而且，新潟县的大米多数是批发出售，有固定的客户。我们突然横插一脚，对方也不会马上卖给我们。"

对农户而言，最担心的无非是一次性交易。如果罗森因为进展不顺利，明年停止采购大米，那么农户的风险就变大了。为了取得农户的信任，伊藤无数次亲自前往产地，不断向农户展示诚意，"和我们合作吧""我们想把生产和销售结合在一起"……最终，获得了对方的认可。

"自那以后已经过去十三年，现在新潟县的农户仍然很欢迎我们。我们之间建立起了亲密的合作关系。由于我们不断购买，不断与对方交易，关系逐渐变得牢固起来。这份工作一下子变成了能够与生产者面对面交流的工作，双方建立起了长期有效的合作，这对于竞争对手来说是最大的障碍。因为人际关系是很难复制的。"

在饭团配菜这方面，罗森也采取了新措施。

"我们不仅征集了公司员工的意见，还征集了门店员工、兼职人员的意见。我们希望全公司齐心协力、集思广益，做出足以媲美手工饭团的产品。"

让伊藤印象深刻的是鲑鱼。当时，一名女性员工提出了意见，能不能不用随处可见的鲑鱼薄片，而是在饭团里加入类似妈妈早上烤好的大块鲑鱼。

"身为专业的产品开发者，我当时就否决了这个提案。首先是成本过高，其次是鱼里面有鱼刺。但周围的人不断劝我试一试。于是我组建了团队，最后在国外建造了专门加工罗森鲑鱼腩肉的加工厂。"

伊藤怎么也想不到，新饭团的制作居然变成了一项国际化事业。

然而，让他们兴师动众的，并不只有鲑鱼。

"为了采购咸鲑鱼子，我们直接去了阿拉斯加，和工厂签了整年的合约。这种进攻性的采购在当时很超前。零售业，而且是便利店，居然想从原材料开始把控整个生产流通环节，这在当时是无法想象的。但如果不这么做，就无法平衡成本，也无法做出前所未有的美味饭团。"

"饭团屋"不但改变了人们对罗森饭团的固有印象，还改变了饭团的生产流程。从此，便利店可以跳过厂家、商社等中间环节，自主采购原材料，自主研发美味的饭团。

"饭团屋"到现在为止已历经了八任开发者。

为了让大众收获健康，便利店能够做些什么

此后，伊藤也参与了各种产品的开发，这些产品无一例外都追求一样东西——健康。

"便利店之间的激烈竞争已经进入了与以往不同的阶段，顾客的需求也发生了变化。毫无疑问，需求之一就是'健康'。"

便利店能为此做些什么呢？

"当然，我们不是医院，不能给人治病。我们能做的，是在人们得病之前，帮助预防疾病。"

让顾客吃上健康安全的食品，帮助他们改善伙食，养成不易得病的饮食习惯。罗森决定从这些方面入手，将便利店打造成城市基础设施的一部分，发挥其应有的作用。

"最贴近日常生活的商店里摆满了健康食品，顾客可以轻松地在店里闲逛，购买健康食物。这才是'城市的健康小站'希望达到的目标。"

罗森对外宣称，作为便利店，希望通过提供美味的膳食方案和自我医疗辅助服务，助力消费者过上健康长寿的生活。伊藤负责的是膳食方案，即食品开发。

"大众的普遍印象是，健康＝不好吃。在这种背景下，我们应该追求的是既健康又美味的食物。开发低糖、低卡路里的产品，栽培矿物质蔬菜，通过此类技术上的革新增加食物的美味度。另外，大众普遍认为便利店不健康，针对这一点，我们要将不使用合成色素和防腐剂这一方针贯彻到底。"

罗森开发了一系列带有蔬菜、低糖、低卡路里、无添加、少盐、调节肠道内环境、优质蛋白质等关键词的产品。最终的结果，如同前文介绍的那样，罗森健康产品的销售额由 600 亿日元增加到了 3000 亿日元。但是，一口气将销售额翻五倍不是那么容易做到的，罗森第一阶段定下的目标，是 1000 亿日元。

就算是 1000 亿日元，也比实际金额翻了 1.5 倍。2014 年，罗森轻而易举地超过了这个数字，实现了 1180 亿日元的营业额。

"我们突破了第一道关卡。之所以能大幅度超出目标，是因为参与开发的全体员工都很努力。但下一个目标 2000 亿日元，就不是那么好完成了。"

用蔬菜开启一天的饮食，不易提高血糖值

2000 亿日元，约占食品整体销售额的 16%。为了达到这个目标，伊藤将产品开发的主题压缩，提炼出了以下十个主题。

1. 食用蔬菜，用蔬菜开启一天的饮食；

2. 美味低糖（麸皮、稀少糖①）；

3. 品尝食材原本的味道；

4. 控制盐分；

5. 令人愉悦的低卡路里；

6. 摄入优质的蛋白质；

7. 调节肠道内环境；

8. 摄入优质的类脂质②；

9. 减少添加剂（防腐剂、色素等）和防止过敏；

10. 轻松摄入食品中的功能性成分。

---

①　天然存在于自然界的植物中，和自然界大量存在的葡萄糖和果糖相比，非常稀少，约有 50 个种类。被广泛应用于保健食品、婴幼儿配方食品、乳制品、饮料等食品中。

②　脂肪或性质上与脂肪类似的物质。

这十个主题来自于针对肥胖症（糖尿病预备人群）、糖尿病、高血压、高血脂、缺血性心脏病、脑血管疾病、癌症提出的预防性饮食方案。罗森想在便利店实践这些方案。

伊藤将"控制盐分"为止的前四项视为最优先项。

"便利店的主打产品之一，是杯装沙拉。这款产品精致美味，小小一杯就能让顾客摄入足够的蔬菜营养成分，很受大众喜爱。我们也在不断改良这款产品。但是，光靠这种产品是走不长远的，因为它很容易被复制。所以我们必须从根本上进行改良，比如使用中嶋农法，从土壤品质开始改良。更多地使用矿物质栽培法种植蔬菜。这些措施都被放在了最优先级别的位置，显示出了我们改革的决心有多么坚定。"

前文介绍过，罗森农场生产的以半成品蔬菜为代表的蔬菜获得了市场的广泛好评。前一年能够轻松达到 1000 亿日元的目标，半成品蔬菜功不可没。

"半成品蔬菜已经变成了一股潮流，连超市都开始模仿我们。便利店开发的产品普及超市，这种情况可以说相当少见，但即便超市商品种类齐全，在半成品蔬菜这一方面，品种依然不及便利店丰富。请对比着吃一吃便利店和超市的蔬菜，你一定会发现质量上是便利店更胜一筹。"

　　负责开发蔬菜沙拉的员工，在实际开发的过程中，会亲自前往罗森农场调研。一边切身体会农民的用心、罗森的用心，一边进行产品开发。除了杯装沙拉、袋装半成品蔬菜外，2015年开始，罗森还在门店推出了盒装大容量的"混合沙拉""玉米沙拉""洋葱沙拉""金枪鱼玉米沙拉"等产品。

　　"为了让顾客每天吃到美味的蔬菜，我们开发了以半成品蔬菜为首的、重视栽培方法和生产过程的产品。之后，罗森进入了第二个阶段，即向消费者传达'用蔬菜开启一天饮食'这一信息的阶段。众所周知，膳食纤维可以调节肠道内环境，维持身体健康。此外，我们还从外部邀请了医生，举办了学习会，了解到用蔬菜开启一天的饮食，不易提高血糖值。"

在普通罗森便利店也能买到"自然罗森"的热销产品

"自然罗森"被誉为罗森集团健康饮食的领军品牌。2015年，罗森在蔬菜方面最引人注目的举措，就是在普通的罗森门店出售"自然罗森"的热销产品，比如墨西哥风味的"玉米圆饼系列"。

玉米圆饼系列的产品小巧轻便，单手即可拿在手上。一口下去满满都是蔬菜。哪怕忙到没时间用筷子，也能摄入足量的蔬菜，很受女性消费者的欢迎。在自然罗森，这款产品取得了令人惊讶的销售成绩。

"说它是自然罗森的招牌产品也不为过，不少顾客为了它才光顾罗森。它比普通的沙拉更好入口，一个刚好填饱肚子，因为包裹的是蔬菜，所以吃再多也没有负罪感。是全年度评价最好的产品。"

普通的罗森便利店也想推出这款产品，问题在于无法实现量产。但罗森正在完善相关的技术基础。

自然罗森的"健康点心系列"率先于2014年被推广到了普通的罗森门店，这项举措被称为罗森的快速进攻。

"点心的卡路里含量高，一不小心容易吃多，所以卖得不太好。但自然罗森的热销品，在普通的罗森门店也很受欢迎。"

健康点心系列是针对成年人制作的产品。这个系列的产品必须满足热量不超过 200 卡路里、糖分不超过 10 克、盐分不超过 0.5 克的标准。加上尺寸小，一口就能吃完，所以很受欢迎。

另外，最优先项中排名第二的美味低糖，指的是前几章介绍过的低糖面包"麸皮面包"系列。关于它的效果，伊藤本人深有体会。

"我负责了十几年饭团，血糖值都升上来了。虽说是工作，一天也得吃五十个饭团呢。"

于是，伊藤开始尝试"麸皮面包"。

"我吓了一跳，效果真的太明显了。体重减了八公斤左右。这让我重新认识到，饮食有多么重要。"

便利店原创商品中，首次获得"特保"称号的荞麦面

说到美味低糖，不得不提另一款备受瞩目的产品，"膳食纤维荞麦面"（图片参考第 103 页）。这款产品，是第一个获得"特保"（特殊保健食品）称号的便利店原创商品。

"我们在荞麦面中加入了大量膳食纤维，普通荞麦面根本无法与之相比。这不仅有益于肠道内部环境，还能抑制血糖值上升。这款产品获得特保认证后，2014 年秋天开始在关东地区出售。今年夏天，我们计划推广到全国的门店，目前正在做相关的准备工作。我们想让这款荞麦面成为 2015 年夏天罗森的标志性产品。"

"特保"指的是获得消费者厅长官①批准，允许在产品上注明保健效果（批准标注的内容）的食品。特保食品与普通食品不同的地方在于，含有能够影响身体生理学机能的成分，拥有调节血压、血液中的胆固醇含量和调整肠胃功能等特定的、已被科学认证的保健功效。获得该项认证需要向国家提供科学依

---

① 消费者厅是日本行政机关之一，统一管理消费者行政事务，长官是消费者厅级别最高的官员。

据,接受产品有效性与安全性的审查。

"实际操作过才明白,特保真得很难申请。为此,我们投入了不少资金,再次认识到特保的含金量有多么高。但是未来我们还会面临更大的挑战,所以必须拼尽全力,向大众展示罗森的决心。最终我们花了一年的时间,终于申请了下来。"

"膳食纤维荞麦面"被视为达成 2015 年度营业额目标的重要战略性产品。最先在关东圈出售,之后又花了一年多的时间为在全国推广做准备,在罗森,这样的商品并不多见。

"而且,这款荞麦面意外地扛饿。因为加入了大量膳食纤维,所以容易产生饱腹感。那些认为荞麦面吃不饱,或者喜欢荞麦面,但害怕吃完面类食品血糖值升高的顾客可以试试,一定不会失望的。今年夏天,我们计划重点推广这款产品。"

最优先项中排名第三的"品尝食物原本的味道",则以甜点作为突破口,将不使用多余的添加剂设定为产品关键词。

避免盐分过量摄入的新品种饭团

第四项"控制盐分"也有属于自己的代表性产品。这款饭团虽然没有参加特保的审查，但满足厚生劳动省①计划在4月1日推行的均衡饮食指南"健康食品标志"的认证标准。

厚生劳动省为国民健康保驾护航，设定了"健康日本21""饮食摄取基准"等指标。作为启蒙的一环，呼吁民间企业加入，共同遵守行业标准。罗森也是成员之一。

"我们花了很长时间进行研究。研究的根本目的在于减盐，避免过量盐分的摄入。但是'健康饮食标志'的标准真的很严格。"

标准是，一餐的盐分摄入量不超过1克。

"日本人的盐分摄入量普遍过高。欧美人为了预防成人疾病，通过WHO②制定了更为严苛的标准，一天的盐分摄入量不超过5克。但日本人一天普遍摄入7~8克，许多人甚至达到10克。"

---

① 日本负责医疗卫生和社会保障的主要部门。
② 世界卫生组织的英文简称。

基于以上原因，罗森向盐分不足 1 克的饭团发起了挑战。

"降低盐分会影响饭团的味道。所以'饭团屋'第八任负责人拼了命地想办法，想做出盐分低但味道毫不逊色的饭团。"

事实上，少盐更加耗费成本。降低盐分必然影响食物的味道，为了满足食用者的口腹之欲，必须从其他地方想办法。

"不能让消费者形成没有盐就不好吃的印象。我们的目标，是让他们吃完之后觉得还不错。但是，这个目标不是轻易能达到的。"

饭团的平均含盐量为 1.4 克，多余的 0.4 克并不好减。不能使用任何含盐量高的原材料。比如原本含盐量就不低的明太子。此外，在产品上标注少盐未必是一件好事。

"写上少盐之后，购买的人意外地变少了。因为人们普遍认为少盐的东西不好吃。过去，各种企业为了大众健康出售标注了少盐的产品，却牺牲了食品的味道，给消费者留下负面印象，所以大家都不买了。"

但是现在，社会上明显出现了健康饮食、少盐饮食的趋势。

"日本人渐渐变得不怎么使用酱油了，酱油的消费量减少了许多。酱油制造商也认识到了这一点。相反，面条酱汁之类的佐料卖得越来越好。酱汁的消费量大大增加了，纯酱油的消费量减少了。"

值得注意的还有味噌，由于发酵食品对肠道环境有益，社会上开始出现重新审视日本传统饮食的风向。

健康食品的开发正在成为一种趋势。

"想让顾客觉得，在不知不觉中被罗森关怀"

罗森一直在解决一些问题，如今计划增加新的解决措施。防止过敏就是其中一项。

"有一些孩子对特定的食物过敏。我曾经听一位妈妈说，她的孩子因为不能吃蛋糕，伤心地哭了。"

于是，在2014年冬天，罗森推出了鸡蛋过敏患者和小麦过敏患者也能食用的蛋糕。

"那款蛋糕卖得相当好。的确，只要认真地思考，就能对他人有所帮助。于是，我决定有意识地开发一些过敏患者也可以食用的产品。"

伊藤的职责，是在前文介绍过的十个主题的基础上，一步一步让罗森向"城市的健康小站"这一目标靠近。

"我把主题整理出来，举办了学习会，把信息分享给所有产品开发者，让他们运用到产品开发中。回想起在做'饭团屋'时我们的另一个目标，那就是改革。现在我的想法也没有改变。我们需要一个口号，即在理解健康这一主题的基础上，做好便利店力所能及的事。我们要一边高喊着口号，一边向健康进军。

我脑海中的印象是这样的。"

但是，罗森只在内部偷偷地努力着，除了宣传语外，并没有大肆宣扬"罗森正在为大家的健康做出努力"。这也是罗森的特别之处。

"顾客中，有的人特别注意健康，有的人却不是那样。我们希望达到的效果是，让顾客觉得'啊，不知不觉间，罗森连这一点都为我考虑到了'。"

并非所有光顾便利店的顾客都在意疾病或健康。过分地让消费者意识到这一点，或许会适得其反。

"顾客有时也会想吃炸鸡块，想喝啤酒。我们想让顾客在日常的消费中，感受到点点滴滴的关怀。'啊，仔细问过之后，原来罗森考虑的是这些呀'，只要顾客能产生这样的想法，我们就很满足了。这就是罗森理想中健康小站的模样。"

在顾客无意识的情况下，将健康产品配置齐全。罗森四分之一的食品被打出明显的健康旗号，作为推荐产品出售。伊藤认为，当罗森做到这一点时，自然而然就能实现 3000 亿日元的目标。

"为了实现这个目标需要做些什么？我们能够提供给顾客真正需要的产品吗？能够有理有据，充满自信地向顾客推荐这些产品吗？想让加盟店在顾客无意识的情况下备齐健康产品，又该准备多少库存呢？以上种种都是需要思考的问题。如果我们的努力获得认可,能够听到顾客说喜欢这个产品,喜欢那个产品,我就很满足了。"

每时每刻,非强制性的、无微不至的关怀,这是罗森一直追求的目标。

第 **6** 章

通过分析"Ponta"数据，
解读真实消费行为

小林敏郎

营业战略本部　营业战略部经理

一天 1000 万人光顾罗森

罗森 35 坪到 40 坪的门店内，满满地摆放着 2800 余种商品。其中，1000 余种商品的品种基本是固定的，剩下的 1800 种则处于不断更新迭代的状态。

再美味的食物也有吃腻的那天，所以需要经常在店内摆放令人耳目一新的商品，吸引顾客。其中更换最频繁的商店，当属便利店。季节因素是必须考虑的，除此之外，即便是同一种商品，也必须不断开发新口味。每周二，便利店都会投放 100~200 种的新产品。

要怎样备货、采购的数量是多少……每天负责此类进货事宜的是各家门店。

其中的一个进货指标，是数据。即过去，什么样的顾客、在什么时间、购买了什么样的商品。

此外，在思考罗森整体战略、产品开发等方面，数据也发挥着巨大作用。周二投放的新产品中，只有百分之几的产品能够作为固定产品保留下来。那么，如何判定此类产品呢？这就需要灵活运用店内购买率、重复购买率等数据了。

在罗森，负责收集、分析此类数据的部门，是隶属营业战略本部的营业战略部。经理小林敏郎于 1997 年加入罗森，负责过店铺运营、电子商务，曾经被外调至积分卡公司，现从事数据分析的工作。

"一万两千家门店的相关数据，第二天就会被上传到总部。平均一家店铺每天的来客量在 850 人左右，所以每天大约可以在总部查询到 1000 万人的购买数据。"

罗森使用的积分卡"Ponta"，是日本国内规模最大的通用积分卡服务，会员数多达 6900 万人。除最具代表性的罗森外，还可以在影带出租连锁店 GEO、肯德基、青木西服店、昭和壳牌石油、旅游中介公司 HIS、Recruit[①] 等门店使用。

加入 Ponta 时，会员需要输入年龄、性别、住址等信息。管理此类个人信息的是 Ponta 的运营公司。罗森会在完全去除掉特定信息的基础上，分析积分卡的使用情况。具体来说，只会参考年龄、性别和一部分住址信息。

罗森无法获知顾客姓名和详细住址，但可以获得顾客的购买信息。查询某个特定的会员购买了什么商品，连续购买了什么商品。据说，现在罗森约一半的销售额，都是由 Ponta 会员贡献的。

也就是说，罗森通过 Ponta，一天内能够收集数百万人的

---

① 日本著名的人才中介公司。

数据。

"和我刚来积分卡部门时相比，系统有了很大的进步。过去出现过因为数据过多而无法分析的情况。但数据越多，结果的精确度和可信度才会越高。公司也积极地投资，进行系统升级。如今，系统已经具备了分析所有门店数据的能力。"

这是其他便利店所不具备的武器，具有划时代的意义。

旧数据中的"客层键"陷阱

说到便利店的数据分析,最著名的是通过 POS 机①来获取数据。几乎所有便利店的数据,都是 POS 机数据。收银台的店员在为顾客结账时,会当场判断顾客的年龄性别,按下客层键。

"客层键分为 1 ~ 12 岁、13 ~ 19 岁、20 ~ 29 岁、30 ~ 49 岁、50 岁以上几个年龄段,也分男女。事实上,在结账的瞬间判断年龄是一件很困难的事。并且,店员们忙碌时根本没有时间慢慢操作 POS 机。所以结果就是,许多店员按下的往往是自己容易按到的键。

"我们曾经与 Ponta 的数据做过对比,发现有的 POS 机客层数据与会员卡记录的属性数据完全不同。仅凭肉眼在一瞬间判断顾客类别,根本不准确。"

但也不能因此责备门店的员工,因为他们实在太忙了,难免有操作失误的时候。

---

① 全称为销售点情报管理系统,是一种配有条码或 OCR 码技术的终端阅读器,具备现金或易货额度出纳功能。其主要任务是对商品与媒体交易提供数据服务和管理功能,并进行非现金结算。

"Ponta 绝不可能存在操作失误的情况，数据绝对准确。比如前几天发售的新产品，我们可以马上查到它的销售动向。而且，因为属性绝对精准，数据足够庞大，所以正确性有保障。通过 Ponta，还可以找出特定年龄层的顾客反复购买的商品。Ponta 能够提高判断的精确度，告诉我们产品存在怎样的可能性。"

此类数据甚至改变了产品开发者。

"过去的产品开发计划，只会笼统地注明目标顾客是什么样的人，预计销售的数量是多少。现在不一样了，我们可以精确地知道什么年龄段的顾客会购买此类商品。因此，可以制定更加准确的目标，明确指出目标顾客处于哪个年龄段，然后通过实践验证目标。由此更加严谨地判断这是不是能够稳定销售的产品。"

如今，其商品的初次购买率和重复购买率，对产品开发者来说已经变成了不可或缺的信息。这些数据，不断地刺激着罗森卖场，使其变得更加有活力。

什么样的顾客会光顾便利店，通过分析数据可以推算出固定模式

除此之外，门店还会购买数据并运用到商品配置方面。不同的店铺配备的商品可能完全不同。车站附近的罗森和学校旁边的罗森、住宅区里的罗森，摆放的商品是不一样的。因为顾客类型完全不同。这也是通过 Ponta 数据分析得出的结论。

"罗森会根据光顾门店的顾客类型将门店分类。我刚进公司的时候，刚好是 20 世纪 90 年代后期。那个时候的分类比较笼统，只有街道区域、商务区域、车站前区域、住宅区域等几个类别。门店被告知根据不同的类别，配置不同的商品。"

2002 年，罗森推出了 Ponta 卡的前身——罗森一卡通。到了 2010 年，又开始推行 Ponta 卡，改变了门店的分类。

"分析购买信息，可以知道什么样的顾客会在什么时间光顾便利店，顾客又是从离便利店多远的地方过来的。"

由此产生了新的分类方法。比如，家离得远的上班族经常光顾的办公区域、年长者居多的住宅区域，这些地方的便利店，早晨、中午、傍晚的生意比晚上好。所以门店会结合时间，配置年长者喜爱的商品。市中心单身公寓密集的住宅区，徒步可到便利店的范围被称作单身者区域。这里的便利店需要为迎接夜晚的顾客做好准备。此外，工厂附近的区域，学校附近的区域，都有属于自己的销售模式。

"结合顾客需要准备商品，是做生意的基础。使用 Ponta 数据，能够更精确地做到这一点。商品的进货结构，也必须根据门店的客户类型进行调整。Ponta 负责为特定类型的门店提供哪种便当卖得最好、哪种甜点最受欢迎、哪种商品新上架等信息，门店则会将这些信息运用到商品配置上。"

门店的顾客分类每年更新两次。因为，周围的环境一旦发生改变，顾客类型也会随之改变。

"比如，附近新建了一栋面向家庭的公寓，顾客类型就会发生变化。反之，工厂倒闭了的话，在工厂工作的顾客也会消失。街道的格局一旦改变，便利店也必须根据变化调整商品配置。"

数据会自动将客层的变化反映出来。并且，门店提供的数据也可以为新店铺分类作参考。

"以店主为首的门店员工，每天都能看到店铺里的变化，当然能够把握顾客类型。门店对顾客的变化是最敏感的。但作为总部，又该怎样了解门店、指导进货呢？这个时候，类型分析就变得十分重要了。"

在实际操作中，罗森的数据部门会用基于顾客类型收集到的销售信息，乘以百十个区域信息，并将结论提供给各家门店。各门店店长和员工则会结合自己的经验，决定采购什么样的产品。

产品开发者能够自由调取、分析数据

再强调一遍，罗森虽然可以调取 Ponta 卡中的购买信息，但接触不到个人信息，所以无法知道顾客的真实姓名。能够知道的只是住在××区××町附近的三十五岁男性买了什么样的商品。罗森无法获得顾客个人的隐私信息，这些信息都由 Ponta 的运营公司管理。

那么在实际操作中，罗森究竟是怎样分析购买信息的呢？

"最渴望得到信息的莫过于产品开发者。我们主要想知道四大信息：产品卖给了什么人？什么时候购买的？这些人还会重复购买吗？过去购买过同类型的产品吗？"

小林和他的团队最初就是这样进行数据分析的，但随着要求不断变高，他们开始追求更加精准的数据分析。为此，罗森打造出了良好的数据环境，使每一位产品开发者能够自由地调取所需数据。

产品开发者平时都在看什么样的分析报告呢？我有幸看到了几个例子。比如，汇报某件新产品销售情况的报告。报告从顾客的性别、年龄、购买时间段、过去购买了什么产品、购买这件新产品的同时购买了哪些产品这几个视点进行了分析。

光是针对性别和年龄这两块信息,就做了详细的图表。顾客处于哪个年龄段,一目了然。关于什么性别、什么年龄段的顾客在什么时间段购买了产品,则使用了带颜色的折线图表来分析。早上卖得好的商品,意外地会在傍晚受到女性青睐。不同年龄段的顾客,购买商品的倾向性也不一样,非常有意思。

针对过去是否购买过同类型产品这一信息,则使用了柱状图表,列出了约三十种产品进行分析。

"如果,这件产品吸引了许多之前没有买过同类型产品的顾客购买,就证明它吸引新顾客的能力很强。"

针对同时购买了哪些产品这一信息,报告同样列出了三十多种产品,做成柱状图表。

"购买 A 产品时,同时购入 B 产品的概率有多大,这个被称作 lift 值。通过分析这组数据,我们可以知道这件产品与哪件产品经常被同时购买,从而可以使用一些促销手段增加两者被同时购买的概率。比如把两种产品摆在相邻的货架等。"

此外,将初次购买率设定为纵轴,重复购买率设定为横轴,再按照时间序列①生成图表,能够看出产品真实的销售状况。

"初次购买率高,但重复购买率低的产品比较遗憾。相反,重复购买率猛然增加的产品更有希望。过去,'高级蛋糕卷'就是这样一款足以封神的产品,它的初次购买率、重复购买率都很高。"

在罗森,产品开发者们可以自由地调取、分析此类数据。

---

① 指将同一统计指标的数值按其发生的时间先后顺序排列而成的数列。

没有被任何商品覆盖的客层在哪里

另一种我有幸见识到的分析法，叫作对应分析①。使用这种分析法，可以制作一周内主要商品的定位图、时间数列图，还能进行区域比较。以饭团的分析图表为例，图表中央画了竖线与横线，若干个圆形遍布其中。分别是 12 条蓝线和红线画成的空心圆，20 余个带颜色的实心圆，它们的大小各不相同。

"空心圆表示性别和年龄。男性分为 10～20 岁、20～30 岁、30～40 岁、40～50 岁、50～60 岁、60 岁以上六个年龄段，女性也一样，按这六个年龄段划分。蓝色圆是男性，红色圆是女性。带颜色的实心圆是饭团品种。出现在代表性别年龄的空心圆附近的实心圆，代表对应性别年龄的顾客经常购买的饭团。"

比如，最靠近新潟高志水晶稻做成的盐饭团的是 40～50 岁的男性，10～20 岁的男性最靠近的产品是"胡椒鸡肉蛋黄酱手卷"，而且两者的距离相当远。

---

① 简称 CORA，一种数据分析方法。主要对名义变量和定序变量的多维频度表分析，探索相同变量的不同取值类别之间的差异，以及不同变量的不同取值类别之间的对应关系。

"什么年龄段的顾客最喜欢什么样的饭团，或者最不喜欢什么样的饭团，都能通过这个图表看得一清二楚。有趣的是，随着年龄的不断增长，男性与女性的喜好会变得越来越相近。10~20 岁的男性与同年龄段的女性分布的位置完全不同，但 60 岁左右的男性和 60 岁左右的女性，位置十分靠近。年龄越大，位置越靠近。"

并且，从整体上看，可以看出某种倾向性。

"这个图表中，代表年龄段的圆先出现，代表商品的圆后出现。所以如果年龄段圆附近有空白，我们就会知道，这个年龄段的顾客还没有被覆盖。饭团算是分布比较均衡的商品，有一些商品，特定的年龄段周围完全是空白。如此一来，我们就会考虑如何针对这一年龄段的顾客开发新产品。"

原来，新产品之所以层出不穷，是因为罗森最大限度地运用了此类数据，并向空白客层发起了挑战。一个挑战的验收成果，又会与下一个挑战产生联系。这才是罗森产品开发的力量源泉之一。

此外，运用此类分析法可以开发出国民级的产品。例如，瓶装茶饮料的制造商最想得到的数据，不外乎各年龄段的顾客喜欢哪一款瓶装茶。罗森会将相关数据分享给制造商。有些制造商，会根据数据找出非主要消费群体喜欢的产品和空白的产品类型，进行产品开发。

34%的顾客创造了82%的销售额

　　提交给门店的数据中，最受重视的是"门店 Ponta 会员报告"。这项数据由系统自动统计，发送给每家店铺。报告的其中一项，就是一份显示来店顾客来自哪些区域的地图。

　　"这份地图的中心是罗森门店，可以一清二楚地看出顾客是从哪片区域过来的。看了地图之后，就能明白门店的倾向性。为何有时隔着一条马路的顾客不会光顾罗森？原因基本上有两个，要么就是附近存在竞争对手，要么就是巨大的城市主干道切断了商圈的连贯性。重要的是，发生变化的时候，我们能否第一时间掌握发生了什么变化。"

　　并且，不同的顾客的光顾频率和消费金额是不一样的，这是理所当然。所谓的"重度消费者"是必须重点关注的顾客。重度消费者的动向一旦发生了变化，就必须采取相应的措施。

　　"被称为监督员的门店经营指导员会查看这些数据，与门店进行沟通。"

　　此外，系统会根据顾客的光顾频率、消费金额大小，将顾客划分为重度消费者、中度消费者、轻度消费者三个等级。具

体来说，就是把来店频率、消费金额、最近什么时候光顾过门
店等数据折算成分数。但是，能够折算成分数的并不只有这些
数据。

"我们还会把购买商品的类型折算成分数。经常购买罗森便
当和甜点的顾客，通常非常喜欢罗森产品。这样，就算附近新
开了竞争对手的门店，也不会轻易地把这部分顾客吸引过去。
所以，加上这个指标之后，我们会把所有数据折算成分数。当
分数累计到一定程度，就会被定义成重度消费者。"

有的读者或许认为，将顾客划分等级的做法有些不道德。
但对于零售业来说，重度消费者是极其重要的。我们常说，两
成的顾客创造了八成的营业额，这套理论同样适用于便利店。

"全公司的重度消费者占消费者总数的34%，因为一名顾客
会光顾多家罗森门店。所以，站在全公司的角度看，重度消费
者是增加了。但具体到门店，每家门店又都是不一样的。比如
许多门店的情况就是，8%的顾客贡献了55%的营业额。"

重度消费者的重要性超乎想象。从全公司来看，也是34%
的顾客创造了82%的销售额，这34%的顾客可以称得上是罗森
的"死忠粉"。

"所以，我们必须重视这些重度消费者。"

销售额不高但重复购买率高，数据定义的热销产品"麸皮面包"

许多热销产品是通过 Ponta 的购买信息被发现的，前文多次介绍过的一款产品——低糖"麸皮面包"，就是如此。这款产品是因为有市场需要才被开发出来的，但最初却卖得不太好。

小林还说："这款产品，平均每家门店只能卖出一到两个，如果不清楚它的重复购买率，恐怕早就被弃置了。"

"麸皮面包"后来发展成了热销产品，并开发了产品系列。这一切都要归功于数据。首先，罗森对购买"麸皮面包"的顾客做了分析。

"我们将顾客这次购买到下次购买的时间间隔、天数设定为纵轴，平均光顾门店的频率设定为横轴，生成矩阵，截取三个月的数据。我们发现，购买'麸皮面包'的通常是那些来店频繁，并且购买间隔短的顾客。'麸皮面包'的销售额虽然不高，但可以吸引这部分顾客经常光顾便利店。"

并且，顾客的重复购买率也非常高。

"实际的重复购买率达到了 45.3%。2014 年的超级热销产品菠萝包只有 26.4%，所以这个数字真的相当高。并且，女性购买率、年长者购买率、重度消费者购买率都很高。"

前文介绍过，虽然其他地方也销售低糖面包，但价格过高，味道也一般。所以顾客才会不约而同地被罗森的"麸皮面包"吸引。

"我们还发现，因为进货量少，不少门店都售罄了。有的顾客为了买到'麸皮面包'不惜跑遍五六家罗森门店。"

前文提到过，许多顾客打电话到罗森的客服中心，咨询"麸皮面包"的问题。至此，罗森完全认识到了"麸皮面包"的潜力，决心认真对待这款产品。他们给门店看了数据，拜托门店增加"麸皮面包"的进货量。因为，之前销售数量不多的原因可能与进货量不多有关。与此同时，罗森还在进行产品改良，不断开发更加美味的产品。

"2013 年 5 月，约 40 万人购买了'麸皮面包'，2014 年 4 月，增加到了 70 万人。并且通过分析发现，增加的这部分顾客 63% 都是重度消费者。可以说，'麸皮面包'是重度消费者的宠儿。"

罗森用对应分析法制作定位图之后，发现"麸皮面包"处于一个相当有趣的位置。与点心面包、主食面包相比，处在相对偏僻的位置。

"位于图表正中间的，大多是一些常见产品。但，处于角落的产品大多有极强的拉新能力。这些产品会越来越畅销，从角落转移到中心位置，变成便利店的基本款产品。'麸皮面包'可以说是完成这种转变的代表性产品。"

这种分析重复购买率高的产品，并将数据运用到下一次战略部署上的做法也曾被运用在其他产品上。MACHI café 如此，半成品蔬菜也是如此。与此相反，重复购买率不高的产品，则会渐渐地从货架上消失。罗森厉害的一点在于，隔天就能够以极其精准的方式获得必要的数据。

经验、直觉加上数据分析，综合指导商品采购及产品开发

虽然罗森本身拥有庞大的数据库，但小林并不只是收集公司内部的数据。他有时会进行独立调查，收集外部数据。

"比如，我会使用网络或群体采访调查产品包装。另外，便利店贩卖的产品种类有限，了解其他行业在销售什么产品也很重要。"

只分析罗森的数据，容易一叶障目，无法了解对手。

"行业整体是什么情况、其中发展较快的项目是什么、发展较快的商品是什么……要了解这些信息，就必须收集外部数据。"

将外部数据与内部数据结合起来看，才能明确与市场的差距。

"比如，分析哪些商品在超市卖得好，在便利店却卖得不好等。"

从这个角度出发，还能进行更加深入的分析。比如，罗森难得拥有各家门店的详细数据。如果某件商品被人持续购买，那么由此可以假设，迎合了市场趋势的这款商品一定会变得

畅销。

"有时也会出现某件商品如果摆在门店一定畅销的数据。有一个词叫作机会损失①，我们能通过科学的方式计算出机会损失。因为数据能够推测出，在光顾便利店的顾客数一定的情况下，这款商品能达到多少销售量。数据能帮我们发现发生机会损失的可能性。"

罗森从 2015 年 6 月开始使用全新的进货系统，这款被称为"半自动"的进货系统，可灵活运用罗森持有的数据，对各家门店的进货清单提供更加细致的意见。支撑这一系统运作的，正是小林等人收集到的数据。

"为什么说数据很重要呢？因为便利店的经营模式是加盟店模式。希望店主做出改变时，必须提供令人信服的理由。"

进货需要耗费大量时间。过去，往往依靠的是店主等人的经验和直觉。但如果有数据的话，就能够通过数值来判断。直觉和经验固然重要，但机器的力量同样不可或缺。这一点，同样适用于产品开发。

"事实上，优秀的产品开发者往往非常重视数据，他们会时不时地上网看商品评价。把这些数据与自身的经验直觉相结合，运用到新产品的开发中。经验和直觉是很重要的，但是在提高

_____

① 指现行方案所获得的收益小于放弃方案可能获得的潜在收益（现行方案的机会成本）而形成的损失。

精确度、简化验证过程方面，数据能够发挥巨大作用。反之，
光靠数据也是不行的。设定了目标需要验证的人，离不开
数据。"

此外，为了提升数据分析的有效性，必须持续对系统进行
投资。投资存贮数据的存储器是必需的。除此之外，为了追求
更尖端的技术，罗森甚至曾经派人前往硅谷考察。

最近，因为注意到便利店如此重视系统，不少理科应届毕
业生开始向便利店投递简历。(顺便提一句，知道罗森农场的存
在之后，农业大学出身的应聘者也增加了不少。) 优秀人才的加
入，将促使便利店不断进步和发展。

第 **7** 章
一点集中主义
创造"最能代表罗森"的产品

和田祐一

高级执行董事　商品本部部长

打破"便利店就是这样"的固有观念

　　我们已经从不同的角度介绍了罗森的产品。在这家规模高达两万亿日元的便利店商业帝国，全面负责产品开发工作的，是高级执行董事和田祐一。和田 1986 年加入罗森，是创业元老之一。他手下管理着总公司 190 名、各地区分公司 50 名，总计 240 名产品开发者。那么，在和田看来，到底什么才是罗森追求的产品开发呢？

　　"3·11 大地震之后，我们再一次认识到，包括罗森和其他连锁便利店品牌在内，全国超过五万家的便利店门店已经成为了日本民众的生命线，承担着重要的社会功能。如果这一系统产生动摇，则会对各地区普通民众的生活造成困扰。便利店承担着以上使命，为民众提供生活必需品。在这个大前提下，我们必须思考，怎样才能使消费者选择罗森，成为罗森的'死忠粉'。我们采取的方法之一，就是打破固有观念。"

　　2001 年，罗森的第一股东变更为三菱商事，领导层进行了大洗牌，这给罗森带来了巨大影响。

　　"便利店也曾有过一段，吸取各家零售店优点，狭小的门店内堆满各品牌包装的发家史。但以外界的眼光来看，便利店的商品几十年来几乎没有什么改变，实在乏味透顶。所以我们想打破针对便利店和便利店商品的固有观念。"

第一个项目就是前文介绍过的"饭团屋"。

"那次，我们公开正式地向全公司征集意见，从年轻员工那里获得崭新的创意，进行包括市场成本在内的投资，亲自寻找原材料，更换机械，更换产品包装。我们决心要做出能够昂首挺胸向自己的家人、朋友推荐的产品。我们想要告诉外界，罗森销售的饭团就是如此地重视质量。这份心情，我们也传达给了加盟店，告诉他们，绝对会做出让他们骄傲的产品。"

恰好在那个时候，外部环境也开始有了巨大改变。曾经，便利店设定的主要消费人群是二三十岁的男性。但当时，便利店诞生了将近30年，曾经的主要消费人群已接近五六十岁。

年龄层改变了，便利店的商品也应该做出改变，并且，国民收入与从前相比也有很大不同。衣食无忧的时代，大众对食品的美味度有了更高要求。要做出改变，就必须抛弃原有的想法和做法。那时诞生的头号产品，比如"新潟高志水晶稻烤鲑鱼腩肉饭团"至今依旧畅销。

"我们想让那些看不起便利店饭团的顾客发出惊叹。社长玉塚经常挂在嘴边的一句话是，便利店的根本，在于把服务、清洁度、商品三件事做到极致。而其中，最重要的还是商品。无论我们做多少问卷调查，提及光顾便利店的原因，顾客依然会说是为了购买商品。"

和田说，如果门店的货架上没有商品，就说明罗森无法做出让加盟店觉得必须进货、不进货就亏了的商品。

"所以我认为，必须创造更具突破性的产品，打破现状，提供给顾客想要的价值。必须创造出让人看了就说好的产品、能反复勾起购买欲的产品、最能代表罗森的产品。"

不考虑制作让所有顾客都喜爱的产品

便当、饭团、甜点等项目组的产品开发者每天拼了命地进行产品开发，以确保新产品能够不断地被摆上货架。

产品从开发到上架，普遍要花费半年或五个月的时间做准备。

罗森一年制订一次整体的产品政策，销售额计划自然也是如此。公司会根据前一年的结果、市场部或外部调查公司的调查，结合社会倾向、经济状况和加盟店的意见，制订新一年的计划。

当然，对产品开发者来说，做出超越上一年的产品是使命。具体的任务会被下放到每一个项目组。由各部门制订详细的计划，决定在什么时机、推出什么样的产品。但最终做出判断的还是和田等领导层人士。

"所以，我每天都要听取各种产品介绍，从早到晚试吃。中午饭也在楼下的罗森便利店解决。不过，楼下卖的商品都是我试吃过的（笑）。而且，他们特别在意我买了什么。最近，我常吃的是'厚切鲑鱼便当'。"

产品的试吃工作，当然主要由开发者和部长级别的职员负责。通过筛选剩下的产品，才会被送到和田面前。

"我会一边听产品介绍一边试吃，然后做出判断。产品介绍包括这款产品好吃在什么地方，价格是多少，与市场上已有的商品有什么不同之处，等等。当然，有些产品在我看来是不合格的。有时我会提出修改建议，第二次试吃的时候就符合要求了。"

此类产品介绍，对产品开发者来说是难得的锻炼机会，通过这样的机会，能够对罗森现在追求的是什么、罗森的产品开发需要什么等问题有进一步的理解。在罗森，商品本部30%的职员，如果只计算负责产品开发的业务员的话，35%左右都是女性。

"女性的感觉真的很敏锐，无论是对味道还是对价格。我们有许多结婚生产之后重归职场的女性职员，她们不仅能用工作的眼光，还能用主妇的眼光来审视商品，提供意见，这一点很棒。"

获得和田认可的产品，接下来会被移送到每月召开一到两次的董事试吃会，由包括社长在内的董事们试吃。此时，产品会被包装得与正式出售的商品无异，放入包装盒中，送到董事们的面前。随后，董事们会一边听着开发者的讲解，一边试吃，最后做出判断。

有时，董事们的面前摆放着 20~30 种产品，其中有米饭也有甜点。全部试吃是一项巨大的工程。但主要产品是必须试吃的，只有通过试吃的产品才能被推向市场。

　　"但是，怎么说呢，让人耳目一新的产品，并没有被定下来。我们想做的还是能够敲定下来，成为罗森基本款的产品。比如'炸鸡块君'，到 2016 年这款产品刚好卖了 30 年，所以，人们一提到罗森就会想起'炸鸡块君'。我们的目标，就是创造出第二个'炸鸡块君'。"

　　此外，还要创造出最能代表罗森的产品。

　　"虽然，这是个追求效率的世界，但我们还是认为必须做出不一样的东西。我们不做对顾客来说没有价值的产品，有价值才会被认可，才会被购买。所以我们从来没考虑过要做一款所有顾客都喜爱的产品，个性化的需求才是我们所关心的。当然，这么做也可能失败，但罗森的定位就是如此，奉行'一点集中主义'。我们想做的，是那种顾客买了之后还会夸一句'罗森确实有好东西'的产品。"

打破常识，在便利店出售"甘王草莓"水果三明治

恰好在我采访的同时，罗森正在销售这样一款最能代表罗森的产品，2015 年的超级热销品，季节限定水果三明治，"甘王草莓三明治"。

"水果店附设的冷饮店里一定会供应水果三明治。价格不便宜，买的人却不少，尤其受女性欢迎，然而，便利店、超市等零售业的门店里却几乎看不到这种商品。所以，我们想让便利店来开拓这块市场，这是一切的出发点。"

然而，稍微想想便知道，便利店出售的水果三明治，把成本因素考虑在内，大概只能使用水果罐头作为原材料。而罗森的水果三明治，使用的却是高级草莓"甘王草莓"，并且还是鲜草莓。因而只能在特定时间内出售。

"为了压缩成本使用水果罐头，这个想法既无趣又没有任何意义，无法为顾客提供价值。既然要做，干脆就用顾客们喜爱的甘王草莓，个头大，味道甜。并且，还要赶在草莓最美味的时候让顾客尝鲜。甘王草莓素来给人高级的印象，所以，便利店使用它作为原材料是很有意义的。虽然价格变高了，但一分钱一分货，顾客买到的商品质量也提高了。"

甘王草莓水果三明治的售价是 300 日元，比普通三明治贵，但销量却呈现出爆发式的增长。

"当然，一件商品畅不畅销，跟成本等隐性因素有很大关系。但如果一味地顾及隐性因素，就无法施展拳脚，进行新的挑战。如此一来，市场上就会堆满千篇一律的产品，无法产生新的可能性。"

所以，罗森才产生了制作水果三明治的想法。

"首先想方设法寻找创意，随后把创意放入罗森这个容器，会产生什么样的效果，发生什么样的变化，这才是价值所在。便利店必须经常向顾客推荐产品。我们没有选择其他类型的产品，而是选择了三明治。同样是三明治，我们能做出品质更高的产品。"

早在采访前，我就有一个问题一直想问：为什么三明治本身的质量比以往提升了这么多？味道好，面包也很柔软。据说每一个来到日本的外国人都对此感到惊讶不已。

"其中一个原因，是罗森改变了切面包的方法。在此之前，我们一直用普通的激光刀切面包，后来引进了圆刀切片机。使用切片机切面包，可以使切面更加平滑柔软。"

除此之外，还有一个环节发生了巨大改变。过去的三明治，都是在20℃左右的常温中售卖的，但现在，便利店会把三明治放在冷藏柜中。

"我们想用新鲜食材来做配菜，所以必须低温保存，以保持新鲜蔬菜的口感。因此，必须使用能够适应低温环境的面包。普通的白面包在常温状态下最好吃。面包区里的面包是不会放进冷藏柜的。只有便利店的三明治需要冷藏。要是直接使用普通面包，口感就会变得干巴巴的。所以在三明治的制作上，我们改良了配菜，也改进了面包的切片技术。"

新鲜甘王草莓做成的三明治，使用的当然也是这种面包。

向农户申请买下所有个头偏小的甘王草莓

不过，甘王草莓原本就是高级水果。成本自不必说，便利店能够获得大量货源吗？

"当然，突然跟农户下单的话，对方是不会卖给我们的。所以必须事先制订周全的计划。然后根据第一年的销量下第二年的订单，只有跟农户建立起这样的关系，才能保证稳定的货源。罗森有原材料采购部，采购部的员工会亲自前往产地，跟农户商量具体在哪个时间点发货。在沟通的过程中，我们了解到草莓需求最旺盛的时间，是圣诞蛋糕热销的 12 月。12 月后，需求量日趋稳定，1 月中旬开始，农户才有余力为我们备货。"

2013 年，罗森排除万难采购到足够的草莓，于 1 月 15 日集中发售新产品。

"最初困扰我们的问题在于，能不能调配到如此大量的甘王草莓。后来我们发现，百货商店等地方，作为高级品种出售的甘王草莓往往个头偏大。但并不是所有的甘王草莓都是这样的大块头。于是我们向农户申请，希望买下所有个头偏小的、大小适宜的甘王草莓。"

但是不是只要使用了高级品种的甘王草莓，就能做出美味的水果三明治呢？答案是：不一定。

"只是在普通奶油中加入甘王草莓是行不通的。甘王草莓自然没的说，果肉甜，个头大，美味多汁。所以必须制作与之相匹配的奶油。仅仅加入高级食材是不行的。原材料本身是什么水准，做出来的产品配得上原材料吗？这都是必须思考的问题。我们做了各种各样的分析，比如甜度如何等。这款产品是由无数的努力堆积而成的，所以顾客才会这么满意。"

此外，毕竟是使用了甘王草莓的三明治，价格偏高也是理所当然的。罗森虽然做了相应的努力，但并没有强行降价。认为便利店里只能出售廉价商品，也是一种刻板印象。

"甘王草莓原本就价格不菲，如果贱卖的话，人们反而会怀疑质量出了问题。这确实是我们第一次尝试，属于摸着石头过河。幸运的是，顾客们也十分明白一分钱一分货的道理。"

实际情况是，甘王草莓三明治 2015 年的销售额大大超越了2014 年，成为当之无愧的热销品。

使用日本产高级鱼类制作饭团，并开发产品系列

我想为大家介绍的另一款罗森的代表性产品，是一个使用了地方特产及食材的产品系列。

"罗森几十年前就在各地区设置了产品部，进行产品开发。除了开发在全国范围内销售的产品之外，还开发地区限定的产品。渐渐地与地方的关系日趋紧密，与多个地方政府签订了综合协定。"

由此诞生的创意，便是开发当地自产自销、自产外销的产品。比如，完全使用日本产食材制作的便当——"故乡的美味"系列便当。其中，"樱岛特产什锦便当""纪州盐渍青梅便当"等很受消费者欢迎。

"因为使用的是当地的原材料，所以当地消费者都很支持我们。产品部和加盟店也一样，知道要制作当地特色的便当，都比以往更积极。产品完成之后，首先会邀请知事①试吃。这就起到了很好的宣传作用。地方政府的职员也会想尝试一下，于是许多办公室就自发地去罗森买便当了。"

① 统辖和代表日本都道府县的长官，经居民直接投票公选，任期 4 年。

饭团也是如此，罗森使用了近海捕获的鱼类制作饭团，并开发了一整个饭团系列。

"和甘王草莓一个道理，甘王草莓有大有小，高级鱼类也一样，有大的，也有小的。许多肥美的优质鱼，因为个头太小无法在市场出售。个头大，能卖高价的鱼都被渔民拿到市场上出售了，小鱼则无法在市场流通。于是我们便请求渔民，把那些小鱼卖给我们。"

比如金目鲷。2014 年 4 月罗森推出了一款产品，叫作"新潟高志水晶稻　干烧金目鲷"。不仅使用了高级食材，还第一次挑战了干烧的烹饪技巧。这款产品与同时期推出的"新潟高志水晶稻　炖猪颊肉"共同成为当时的热销产品。

"故乡的美味"系列还包含用其他地方特产制作的系列产品，黑濑照烧五条鰤、八户前冲津轻味增煮青花鱼、富士山酱油腌渍三文鱼、鸟取蟹肉饭团、特大份北海道咸鲑鱼子饭团、鹿儿岛酱油腌渍整条松鱼、秋田盐烤鲑鱼等，近海捕获的日本产鱼类应有尽有。只要罗森抢先一步控制住稀有食材，竞争对手便难以涉足该领域。

"2013 年推出的日本产鱼类饭团系列，品种已超过 50 种。因为原材料限定为日本产食材，所以执行起来有诸多不易。但确实很受消费者欢迎。"

连以寿司店高级食材闻名的黑喉①，罗森也没有放过，正在考虑用它制作饭团或干烧料理。

成本因素是最让罗森在意的，但屋漏偏逢连夜雨，突如其来的日元贬值，使得进口优势荡然无存。除此之外，食材方面还存在着一定的国家风险。

"从放心、安全、健康饮食的角度出发，食用日本国产食材确实是一种潮流。并且，我们与地方保持着密切的联系，在许多地区设置了产品部，推出了许多深受地方消费者喜爱的产品，我们有这个自信。"

日本产系列不仅价格高，数量有限，且坚持使用当季最肥美的食材，所以销售时间也有限。但只要挑选到好的食材，就

---

① 学名赤鲭。高级鱼类。

会立刻推介给消费者。所以该系列的产品无一例外都成了热销品。

"这些产品不仅吸引了年轻顾客，还吸引了许多上了年纪的顾客前来尝试。所以，这确实是一系列击中顾客痛点的产品。"

**"无法保证创意的数量，就无法提高创意的
质量"**

水果三明治也好，高级鱼类饭团也好，便利店推出数量限
定、时间限定的产品总给人一种意料之外的感觉。但这种感觉，
本身就是针对便利店的刻板印象。现在的罗森，渴望跳出"便
利店就是这样"的观念框架。

"如果不这么想，就做不出真正出色的产品。便利店需要像
鲑鱼腩肉饭团那种能够稳定供应的基本款产品，但也需要一些
不一样的产品。更进一步说，我们必须一边思考'怎样采购使
成本降到最低，怎么做才能使市场进一步扩大'等问题，一边
往前走。"

受欢迎的不仅是鱼类，前文提到过，使用了日本产猪颊肉
的新潟高志水晶稻饭团也大受欢迎。此外，罗森还限定推出了
只使用活鸡颈部肉的鸡颈肉饭团。

"据说，这是产品开发者在烤鸡肉串店获得的灵感。他在那
里吃饭的时候，偶然尝试了鸡颈肉，于是想，用这种食材一定
能做出美味的饭团。"

接着，和田又开玩笑说，牛横膈膜饭团或许是在烤肉店获得的灵感。

"说不定开发者也是在烤肉店吃到之后，决定要把牛横膈膜做成饭团的。但加工牛横膈膜不是件容易的事。肉如果不炖烂，就很难咬得动。后来我们才知道，要想在冷藏的状态下使牛横膈膜保持柔软，就不能像肉店那样沿着牛肉的纤维切割，必须逆着纤维切割。"

这些创意通过罗森这只过滤口，纷纷焕发生机。这只化腐朽为神奇的过滤口并不存在于那些随处可见的便利店，只存在于罗森。所以和田说，在那之后，其他便利店也推出了水果三明治的竞品，但他们却使用了水果罐头。站在普通便利店的角度，这么做是理所当然的。

"我认为这并不是一件难事。灵感真的会一个接一个来到你面前，你要做的只是将它们送进罗森这只想要改变便利店的过滤口。掀起潮流的食物必然是好吃的食物，好吃才能创造热度。所以罗森要考虑的，就是怎样做出更好吃的食物。"

但是，要做到这一点，需要大量的创意。

"如果产品开发者有 100 个创意，最后提交给我并且可能变成商品的只有两到三个。追求质量之前，我们必须追求数量。没有数量就无法提高质量。一开始只有三个创意的话，做出的产品一定是不行的。重要的是提供大量的创意，再从中挑选。"

　　罗森之所以能推出数量如此众多的新产品，是因为提出了数量更多的创意。艰苦卓绝的努力，造就了便利店的商品群。

第 **8** 章

以共荣共存为目标的
"FC 平等合伙人制度"

广金保彦

执行董事　运营本部长兼 MO 推进本部长

经营两三家分店的店主占整体的六成

罗森的商业规模高达两万亿日元，这是总部与加盟店团结一心、共同努力的结果。特许连锁（FC）加盟制度①对双方都有好处，既能使总部做到直营无法实现的细致经营，也能使加盟店获得自身无法开发的新产品、市场信息、物流网等。

加盟店在与社区保持密切联系的基础上，进行经营活动。消费者对它们的期待在于将"用心的服务""门店与社区共同保持清洁""与社区契合的商品配置"这三点做到"极致"。为了使店内摆放的商品与顾客需求相匹配，门店负责人每天都会使用店内电脑和进货系统终端，调整商品配置。店员每天会列好详细的进货清单，采购便当、三明治、面包、甜点等商品，并将它们摆上货架。

罗森的FC制度有哪些特征呢？带着这个问题，我采访了1987年加入罗森，担任过北海道分公司社长、九州分公司社长

---

① 特许连锁（或合同连锁、契约连锁、加盟连锁，简称FC），指总部与加盟店之间依靠契约结合起来的一种形式，即以单个店铺经营权的授权为核心的连锁经营。

等职务，现在是执行董事运营本部长兼 MO 推进本部长的广金保彦。

"特征之一，就是从比较早的阶段开始，我们就提出加盟店的店长可以经营第二家、第三家分店。许多店主一开始只经营一家门店，后来拥有了多个门店，这一点可以说是我们的特征。"

与十年前相比，此类店主的比例增加了不少。罗森有约12000 家门店，店主人数约为 6100 名。其中六成以上的门店，都由拥有两三家门店的店主经营。

"该制度产生的背景之一是个店主义①理论。总部并没有单方面强迫门店标准化、统一化，而是希望门店能够配备与当地需求相吻合的商品，提供顾客需要的服务。另一个背景，则是区域构想。罗森认为，打造一个将地区的顾客作为整体进行经营活动的环境很重要，所以产生了把一个区域的顾客交给一位店主负责的想法。为此，罗森建立了各种制度，用以辅助店主。店主如果只有一家店铺，那么夫妻两个轮流坐班，还是能照看得过来的。但如果有了第二家、第三家店，就难免有顾及不到的地方。所以，我们需要在这些方面提供帮助。监督员会定期进行深夜巡视，除此之外，我们还成立了专门的深夜防盗巡逻

---

① 7-ELEVEn 创始人铃木敏人提出的理论，强调根据每个店铺不同的实际情况进行调研，并确认所准备的商品是否符合调研结果。

小组，每年巡视店铺次数共计 43000 次。另外，我们还负责促进店主与员工的交流，确认防盗系统。"

目前，其他连锁便利店也有一到两成的店主经营着多家门店，罗森的比例是四成左右。虽然一名店主经营多家门店的案例逐渐增多，但罗森却比别人多走了一步。这一步指的是对大规模扩张店铺的店主提供支援的制度，即管理者店主（MO）制度。

鼓励店主经营多家门店的 MO 制度

罗森创立 MO 制度是在 2010 年。截至 2015 年 2 月末，从北海道到九州，日本全国共有约 120 名 MO。

"这 120 名 MO 经营着约 1100 家门店。如果按照罗森店主总人数 6100 名计算，MO 所占的比例极少。但发展到现在，罗森 12000 家门店中，已有接近一成的店铺由 MO 负责管理。"

宣传手册上写着，MO 指的是"经营与地方关系密切的多家门店，以和罗森总部共同成长为目标的事业经营者。由罗森公开认证，比普通合作伙伴关系更为牢固的加盟店店主"。经营四家以上门店的店主才有资格成为 MO。升级为 MO 后，罗森希望这些店主利用与罗森建立的新关系，以进一步扩大事业为目标，进行高质量的多店铺经营。

"为此，我们不仅要培训店主，还要培养能够帮助店主的人才。公司内部称此类人才为门店经营顾问。这些人才经常出自 MO，经过培训后，他们可以帮助店主一起进行门店经营。"

此外，经营着多家门店的 MO，实际上相当于地区的店主代表。他们经常会以地区为单位举办店主学习会，为其他店主提供建议，发挥类似于管理者的作用。

以"共荣共存"为目标的加盟店逐渐发展，对总部当然有益。但此类加盟店往往发展过快，容易内部抱团，形成强大势力，这对总部而言绝不是好事。罗森难道不会担心控制不了这些门店吗？广金回答，完全不会，情况恰恰相反。

"MO 会积极地对总部的措施提出意见。前几天，社长玉塚、副社长、商品本部长和我，我们四个人同首都圈的十几名 MO 代表，进行了长达三个小时的讨论。"

这样的会谈机会并不少，内容涉及方方面面，例如产品开发、电视广告、广告宣传策略、监督员的培养等。

"待在总部，就没有办法看到九州分店或是北海道分店的细节。也就是说，单从总部的角度思考问题是有失偏颇的。对零售业来说，最重要的是驻守在卖场的人。现在，许多店主还是会亲自照看门店。在门店流过汗水、付出过努力、跟顾客面对面接触过的人是最懂门店的。有些商品卖得好，但也许是因为没有其他值得买的东西才卖得好，这样的细节只有驻守在门店的人才清楚。所以我们需要和这类店主进行沟通，听取他们的批评、诉求和建议。这种双方交流的机会是极其重要的。"

所以罗森制造了许多类似的机会。很久以前，罗森就开始举办店主与董事的座谈会，参会人数 20 人左右。现在建立了MO 制度，各地区每个月都会举行一次 MO 会议，在会上进行热烈的讨论。

此外，罗森每年还会举行一次全国范围的 MO 总会。每年的举办地点不固定，参会人员可以利用一天半的时间进行各式各样的讨论。其间会邀请嘉宾作演讲。2014 年的嘉宾就是某著名企业的社长。

"演讲内容包含做一名经营者应该拥有的智慧，大家真的很受启发。"

双方建立信任关系的证据，唯一派遣神秘顾客①的便利店

标榜个店主义、强调区域意识、鼓励店主经营多家门店、制造大量与店主沟通交流的机会……也许有人认为，经营便利店意味着被许多条条框框束缚，是自由度极低的职业。但罗森采取的系列措施却让我觉得，罗森店主的自由度或许比我们想象的高。

"罗森的特征之一，是很早以前就在全国范围内设立了分店。1997 年，罗森先于其他几个连锁便利店品牌，在 47 个都道府县②设立了分店。在这个过程中，我们注意到一点。那就是标准化经营不能满足各家分店的实际需求。20 世纪七八十年代，日本流通业急速发展，统一的门店、统一的卖场设计或许就能满足经营需求。但很明显，时代已经发生了变化。"

广金本身在年轻的时候曾担任过北海道的监督员。他留意到，某些首都圈推崇的商品，在北海道并不能引起反响。

---

① Mystery shopper，指受雇假扮成顾客去了解服务质量的人，多属于第三方市场调研机构。
② 日本的行政划分，日本共有 47 个都道府县，分别是 1 都（东京都）、2 府（京都府、大阪府）、1 道（北海道）、43 县。

"差异并不仅仅存在于都道府县之间。一个县里，县北和县南的味道也可能有很大不同。如果不能把握其中的差异，就无法满足区域内顾客的需求。至于什么商品应该摆在什么位置，也就是我们常说的卖场设计，当然也有全国统一标准。但我认为，必须赋予各县、各地区门店自由调整的权利。"

　　关于商品配置和商品采购，连锁店总部会进行一定程度的指导。但涉及地域性、希望特别关照的客层、门店的改良创新等方面时，总部会充分尊重门店的意见。事实上，即使是同在东京都内的门店，每家门店的商品配置也是不同的。就连车站北侧、南侧的门店都有很大不同。

　　"有的门店配置了厨房，有的没有，门店本身也会进行各种调整。一些店主是与别家连锁店合约到期后选择加盟罗森的。值得庆幸的是，他们并没有不情愿，许多店主告诉我们，在某种程度上，罗森比其他连锁店的自由裁量度似乎更高。因为我们率先在便利店内设置厨房、花心思培育蔬菜、最先进军咖啡领域，所以给人一种乐于挑战的印象。"

　　赋予加盟店高度自由，反过来也有利于加深总部与加盟店的信任。当然，我无从查证两者之间的关系是否完美无瑕，但接下来要举的例子，或许可以作为两者建立信任关系的凭证。罗森可以说是唯一一家实行了神秘顾客制度的便利店。

　　神秘顾客指的是第三方机构派出的匿名调查员。他们会像

普通顾客一样去门店购物，考察商品、服务、美观度等。一部
分餐饮店和成城石井一类的高级超市经常会派遣匿名调查员，
但从没听说哪家便利店这么做过。

"我们从 2004 年开始实行神秘顾客制度。当时有人提过要
给我们的合作伙伴（也就是加盟店）打分。但我们最终决定不
采用打分制，而是把这种考察当成对门店的健康检查。比如服
务好，但商品配置有些不符合市场需求。商品配置出色，但清
洁度不达标等。门店如果出现了以上情况，是很可惜的。"

现在，罗森每半年会派出一次神秘顾客，上半年、下半年
各一次。当然，门店本身并不会知道调查员什么时候来调查。

"罗森有 1300 名左右的监督员，负责指导店铺经营。他们
定期巡视门店，给予各式各样的指导，难免会对门店产生私人
感情，检查得不那么严格。但顾客不会理会这些。所以我们需
要从不同的视角和角度对店铺进行健康检查。我们希望门店能
抱着积极的心态，把每一次检查当成改良的契机。"

现在，几乎所有门店都能用积极的态度面对检查，这正是
总部与加盟店建立了信任关系的表现。

邀请续约的加盟店店主夫妇去夏威夷旅行

事实上，罗森不仅将神秘顾客制度灵活运用在门店的健康检查上，还准备了与之匹配的奖励制度。罗森以顾客的视点进行各式各样的门店调查，参考调查结果评选出优秀店铺。等待这些店铺的，则是罗森准备好的奖励——夏威夷旅行。在详细解说这一奖励之前，我想先介绍另一种夏威夷旅行。罗森会邀请10年合同期满后续约的加盟店店主及其配偶一同前往夏威夷旅行。

"有的连锁品牌规定一次性签约15年，我们公司是10年。人生到了中场接近下半场的阶段，总会发生各种变化。育儿、看护父母、竞争对手开了分店、人才不足……考虑到这些问题，我们认为最恰当的期限是10年。续约的时候，我们会认真地和店主进行耐心细致的沟通。沟通之后，如果对方选择续约，为了犒赏对方，也为了激励对方更好地迎接下一个挑战，我们会邀请他们去夏威夷旅行。"

这样的旅行每年有两次，春季与秋季各一次。那时，与罗森再续10年之约的店主夫妇将启程前往夏威夷。每次都有300~400名店主从全国各地出发，降落在夏威夷的土地上。

"千岁①，成田、关西国际机场、福冈，人们从各地出发，再到夏威夷当地集合。社长玉塚一定会出现在集合地，邀请大家前往晚餐游轮，参加夕阳游船晚餐秀②。我年轻的时候作为地区长，曾经三次陪同店主们游览夏威夷。那时，我见到店主夫妇们脸上绽开平时不曾有过的笑容，真的打心底为他们高兴。在夏威夷的夕阳中制造崭新的回忆，记录美好瞬间，这是罗森才会给予的犒赏。"

其中，不少店主夫妇都会流下感动的泪水，感慨自己为门店努力了 10 年。店主不在的日子，总部的店主助理将负责门店的相关事宜。

原有的店主中，约八成选择了续约，但这个比例实际上还要更大。"如果续签同一家门店的话，就是这个数据。但有的店主刚好找到了更好的店面，想在附近开新店，有的则看好接下来 10 年便利店的发展，想经营更大的门店。我们鼓励店主做这种置换，店主们对此也很积极，但这种情况是不计入续约案例的。"

此外，另一种夏威夷旅行，则是针对店铺的奖励，对象是通过神秘店铺制度等考核评选出来的优秀店铺。罗森将从全国 12000 家门店中，选出此类店铺。

---

① 北海道新千岁国际机场所在地，后文提到的成田、福冈也是机场所在地。

② 一种晚宴行程，坐在轮船上一边欣赏夕阳，一边享受特色料理。

"我们会综合神秘顾客的意见和其他各项指标,选拔优秀店铺。2014 年选出了 21 家门店。续约时,我们的设想是邀请店主夫妇,所以把名额设定为两名。但优秀店铺不一样,每家店铺有六个名额。优秀店铺的诞生当然离不开店主高超的经营手段,但员工们的努力也是不可或缺的。"

每年 6 月,全国挑选出的优秀店铺中,将有约 120 人踏上前往夏威夷的旅程。

"从 12000 家店铺中脱颖而出,被选为优秀店铺的 21 家门店,每一家都付出了艰苦卓绝的努力。每天 24 小时,三百六十五天如一日,把店铺打理得有声有色。这件事说起来简单,做起来却不是那么容易的。所以必须给予鼓励。基于以上想法,我们决定邀请对方去夏威夷。"

但门店似乎并没有把奖励当成负担,想着一定要选上优秀店铺,获得表彰。大多数门店都对选拔持积极乐观的态度。

此外,就像职业棒球存在殿堂级选手一样,优秀店铺也存在殿堂级选手。连续超过四年保持优秀店铺水准的店铺,就是殿堂级选手。给予此类店铺的奖励,是每家店铺多达 20 个名额的夏威夷之旅。

"全国共有七家这样的门店。经营便利店的意义在于,被顾客选择、被顾客光顾、被顾客夸奖等。我们希望在这些意义的基础之上,给店主增加一些良性反馈。"

尽可能减少加盟店的负担

加盟店店主签订的合约类型是各种各样的。有的人在自己的土地上经营自家店面，有的人在罗森租借的土地上经营罗森修建的店面。加盟店向总部支付加盟费（这部分资金将成为总部的收益），前者的收费自然低廉，后者则存在多种收费模式，例如有的需要缴纳保证金，有的则不需要。

便利店的 FC 经营拥有约四十年的历史。其中，存在着两大影响 FC 经营模式的分岔口。

"一个是 20 世纪 90 年代中期，便利店行业集体为加盟店店主发声，痛陈店主的艰辛。社会上出现了睡眠不足、无法休息、赚不到钱等抗议的声音。"

当时，罗森重新调整了整个经营模式。为把罗森打造成业内最容易加盟、拥有最优收益结构的连锁品牌，做出了巨大改变。

"另一个是 3 · 11 日本大地震。地震过后，电费猛涨。于是我们从成本结构、能源构成几个方面，重新调整了经营模式。"

地震后调整经营模式的大概只有罗森。便利店 24 小时全天营业，每个月缴纳的电费接近 30 万日元。

"有些连锁品牌会为加盟店报销一部分电费。罗森的规定是电费均摊。也就是说，此前加盟店全额负担的电费，变成加盟店、总部各出一半。"

除此之外，当时的罗森还做了另一个调整。这项调整针对的是便当卖剩下时产生的废弃风险。

"竞争日趋激烈的现在，顾客来购物却发现店里没有商品，这种机会损失不仅影响销售额，还会损害便利店的形象，给人一种'那家店老是缺货'的印象。但顾客如果不来，卖剩的商品只能被丢弃，这对门店来说也是一种负担。"

因此，罗森针对废弃损失制定了若干保障措施。

"总部和加盟店同在一条船上，我们无法置身事外。所以总部制定了根据金额给予加盟店相应补贴的政策。有时，即便由于店主强烈的投资意愿，产生了一定程度的废弃损失，总部也会承担一半以上的损失。"

罗森希望加盟店明白，有了总部强有力的支持，他们可以放心大胆地进行新的挑战。

此外，商品的打折力度也完全由加盟店自行决定。罗森门店经常举办纪念促销和感恩回馈促销等活动。

为当地提供 200 个岗位，增加留学生雇佣人数

如今，便利店被认为日常生活中不可缺少的社会基础设施。另外，便利店在当地的社会存在感，并不止于销售生活必需品这一层面。比如，还可以为地区做出贡献。不少门店积极参与各类社会活动。除此之外，还有一种便利店只要存在就能为社会做出的贡献，那就是提供工作岗位。

每家便利店需要 15~20 名员工运营。也就是说，开设一家便利店就能产生相应数量的工作岗位。并且，罗森鼓励店主经营多家分店，所以实际产生的就职岗位可能是两到三倍。如果经营 10 家门店，就必须雇佣 200 名员工。

"为 20~200 个人提供工作岗位，这对地区而言具有重大的社会意义。"

按照全国规模计算，罗森为社会提供了 20 万个兼职、零工的工作岗位。就职者包含高中生、老年人，以及前文介绍过的取得 "MACHI café" 服务资格的 "天才球员" 们。

"我们还制定了针对罗森员工的培训制度，大致分五个步骤。我们会协助店主完成员工的教育课程，也会在地区举办集

体培训。"

担任半年以上领班，推进各种学习课程，并且通过资格测试的员工可以晋升管理岗位。

在人才选拔这一方面，罗森也会给予加盟店一定的帮助。总部甚至与 MO 共同出资，成立了人才中介公司"罗森员工株式会社"。这家公司不仅介绍日籍员工，还会推荐留学生员工。

"最近，顾客或许经常会看到门店里出现外籍员工。这是有原因的，留学生非常愿意到便利店兼职，因为可以学习日语。"

留学生选择在便利店工作最大的目的就是学习语言。或许有比便利店时薪更高的兼职，但从学习日语、学习日本文化的角度出发，再没有比便利店更理想的学习场所了。并且，还能作为兼职赚钱。

"留学生离开自己的国家时，也许多多少少学习了一些日语。但即便如此，马上开始便利店的工作还是需要勇气的。所以，我们在新公司罗森员工株式会社为他们安排了日本文化及礼仪的课程、收银台结账和油炸食物的实习课程。已经有超过150 名留学生在公司登记了个人信息，他们分别来自中国、泰国、菲律宾、越南等国家。"

留学生最不擅长的，据说是片假名，这一点颇让人感到意外。除此之外还有日本特有的文化，比如，关东煮、双手为顾客递上发票的习惯……

"罗森会与大使馆的工作人员开碰头会，开展各式各样的活动。回国的留学生还经常会给我们介绍下一批新来的留学生。"

在现实生活中，如今的便利店在国际交流方面也发挥了巨大的作用。

第 **9** 章

"不要等待顾客光临，
要离顾客近一点"

西口则一

高级执行董事　医疗保健部本部长

罗森并非刚刚开始涉足医疗保健领域

2015 年 1 月 27 日，东京中央区的会议大厅里举行了一场联合记者发布会。出席发布会的有药妆领域龙头企业鹤羽集团社长堀川政司与罗森社长玉塚。会上宣布，双方将进行战略合作，共同打造一个增强生活服务机能与健康服务机能的新店铺模型。

2 月 5 日，双方合作的第一家门店"罗森鹤羽药妆仙台五桥店"正式开业。这家店铺开业前三天的营业额是普通罗森便利店的两倍，截至 2 月底，营业额比罗森门店高出 20%~30%，为两者的合作开了个好头。

保健行业的药妆龙头企业与罗森的合作，使双方所属行业大为震惊。但对罗森而言，这只是基于原有的战略部署执行的步骤之一。高级执行董事医疗保健部本部长西口则一说："罗森并不是这一两年才开始涉足健康医疗保健领域的。"

罗森介入医疗保健领域可以追溯到 2000 年，那时，罗森第一次在医院开设了分店。

"我们认为，未来医疗将变得越来越重要。所以决定在医院开设分店，为住院病人、看诊病人和医护人员提供生活服务。"

这类门店被称为罗森医院店，全国范围内已开设 210 家店铺（截至 2015 年 2 月末）。当时，罗森的领导层已经产生了在罗森医院店出售药品的想法。

"2001 年我们创立了自然罗森。自然罗森提倡美丽健康舒适的生活方式。店内出售包含纯天然绿色食品在内的对健康、美容有益处的商品，是一种崭新的便利店模式。"

截至 2015 年 2 月末，全国已开设了 116 家自然罗森。

"两年后，也就是 2003 年，我们在东京都目黑区开设了一家集药店与便利店为一体的商店——罗森药房（与药店合作开设）。罗森医院店、自然罗森、罗森药房，我们一步一步把酝酿已久的构想变成现实，并以此观察消费者的反应。"

截至 2015 年 2 月末，罗森药房已增加到了 40 家。

罗森的下一个目标，是开设一家出售感冒药、胃药、眼药水等 OTC 药品（非处方药）的门店。

"销售 OTC 药品的商店必须配备执业药师。药品对身体有直接影响，所以必须由具备专业知识的人销售。比如，同样是感冒，针对不同的症状需要使用不同的药物。外行是无法处理这些的。"

要取得执业药师资格，就必须进行相应的资格考试。尽管如此，罗森还是对销售 OTC 药品表现得十分执着，这份执着并非毫无缘由。

"随着人口老龄化的发展，老年人越来越多，这些人无法去离家很远的地方购物。超市是这样，药妆店也是，许多店铺开在郊区，对老年人来说太不方便了。与此同时，家门口的药店又不见了踪影，从前，这种情况在卖酒水的店铺上出现过，现在轮到了药店。那么，应该由谁来承担销售药品的责任呢？当然是包括罗森在内的、全年无休、步行即可到达的便利店。我们要做的不是被动地等待顾客光临，而是主动离顾客近一点。这样一来，可以提高便利店的便利性。为人们的生活提供便利，就是便利店的使命。"

　　便利店初创期，店内并没有摆放复印机、邮票、明信片、保健饮料。但是，随着时代的发展，为满足大众的需要，这些商品一个接一个出现在了便利店里。药品也一样。

　　"我认为这是企业通过发展事业，为社会做贡献的一个表现。"

　　基于以上理念，销售 OTC 药品的罗森门店已增加到了 150 家（截至 2015 年 2 月末）。下一个挑战，是 2013 年开业的、位于东京汤岛车站附近的新门店——同时销售药品、化妆品、日用品的"保健罗森"。

**同时销售药品、日用品的实验店取得巨大
成功**

罗森认为，考虑到人口老龄化、出生率降低、家庭构成小
规模化、劳动力减少、老年人及女性就业率上升、减轻育儿负
担的必要性等问题，一家徒步即能到达、下班路上可以路过、
不消耗时间精力、满足一站式购物需求的零售店才是时代所需
要的。保健罗森恰好满足以上所有条件。

便利店原本的目标顾客是二三十岁的男性，所以商品类型
也主要按照此类客户的需求配置。但是光顾便利店的女性顾客
逐渐增多。过去，便利店顾客的男女比例是 7：3，有的门店甚
至达到 8：2，但保健罗森的比例达到了 5：5。

"家庭主妇和上了年纪的顾客都会光顾保健罗森。如果带孩
子的妈妈光顾罗森，那么她一定希望购买一些婴儿用品。普通
罗森的商品种类大概是 2800 种，保健罗森有 6000 种。普通罗森
的面积是 40 多坪，保健罗森有 80 多坪。如此大的面积，足够摆
放各种各样的生活必需品。"

在东京汤岛车站开设的第一家实验店，业绩超出了预期。

单日营业额比预期增加了 20 万日元，顾客人数增加了 200 人。每位顾客购买商品金额的平均值增加了不少，女性顾客比例大大超出预期。

"女性顾客比例增加，意味着生活必需品销量的提升。她们带动的不是炸鸡块君和 MACHI café 的销量，而是卫生纸等日用品的销量。这理所当然会使销售额有一个显著的提升。我们的商品，价格虽然比不上药妆店的特价商品，但跟普通商品相比还是有优势的。比起提着沉重的购物袋去药妆店购物，顾客显然更倾向于选择家门口的罗森。"

那么，在保健罗森，畅销的是否只有药品和日用品呢？答案是否定的。药品与日用品也带动了便当、饭团等商品的销量，所有商品的销售额都有了显著提升。

"保健罗森非常成功。最近，便利店的主要目标是提高每位顾客购买商品金额的平均值，保健罗森实验店仅仅花了一年时间，就取得了显著成效。"

2014 年 3 月，保健罗森开始作为新的连锁经营模式在日本全国范围推广。截至 2015 年 2 月末，在全国已有 18 家门店。

"恰好在那个时候，国家修改了药事法①。执业药师资格考

---

① 日本作为药事行政基础的法律。以规定并制约有关医药品、准医药品、化妆品、医疗用具诸事项，确保其有效性与安全性为目的。

试不再设限，谁都可以参加考试，但必须在医药品专卖店积累
两年的实操经验。至于在哪里实操，罗森可以安排在经营 OTC
药品的门店和保健罗森，这是竞争对手所不具备的条件。"

　　与鹤羽药妆的合作，正是这一系列举措的延续。

2020 年，保健罗森将增加到 600 家

罗森计划截至 2017 年年末，开设 100 家与鹤羽药妆合作设立的保健罗森。但是，罗森的合作对象并不仅限于鹤羽药妆，这是一种开放式的合作模式。

"简而言之，我们希望这种经营模式获得好评。希望对方能够单纯把自己当成加盟店的一名店主，加盟罗森连锁便利店。我们认为，随着时代的发展，人们需要的将不再是郊区型的药妆店，而是方圆 350 米小型商圈内的药妆店。所以要在住宅区内开店，离顾客近一点。"

此外，鹤羽药妆还对罗森抱有另一种期待。

"事实上，鹤羽药妆也在研发便当和饭团。但人们还是喜欢购买便利店的便当和饭团，所以除了在小型商圈开设药妆店之外，他们还希望把本公司研发的便当饭团摆在便利店出售。"

并且，与鹤羽药妆的合作也将给罗森带来极大的好处。

"鹤羽药妆在经营药妆店方面具备丰富的知识和出色的业务能力。他们非常懂得如何宣传包括日用品在内的商品，如何

投放 POP^① 广告等。这些都是我们渴望学习的。将来，我们希望通过各种各样的实践扩充此类专业知识。"

罗森计划截至 2020 年，在全国范围内开设 1000 家门店，包括 600 家保健罗森（含鹤羽药妆合作店）和 400 家经营 OTC 药品的门店。

"当然也有消费者认为郊区型的超市是必需的，人们可以利用周末的时间一次性买齐需要的东西。但说起日常生活，还是步行五分钟即可到达的商店光顾频率高一些。"

在关东地区的新横滨^②，有一家大型的保健罗森旗舰店。据说每天都有几位明显看得出是业内人士的顾客光顾那里。

"我们认为，总有一天，医疗保健领域会需要便利店的助力，所以罗森不会放弃这一项目。"

据说许多新横滨站附近的中小型店曾向罗森咨询药妆店项目。或许，越是居住在附近的人，越能发现保健罗森的可能性。仅仅一年半的时间，保健罗森就在全国拥有了 18 家分店。

---

① 购货点广告。商店为引起消费者购买欲望而在店内外展示的广告。亦作 PR 广告。
② 位于日本神奈川县横滨市港北区筱原町，是 JR 东日本、JR 东海和横滨市营地下铁的铁路车站。

在门店内设置护理咨询窗口，"护理罗森"的诞生

2015 年 4 月 3 日，埼玉县川口市，厚生劳动省①保险局长与埼玉县厅的工作人员齐聚一堂，为罗森门店举行剪彩仪式。以电视台为代表，现场出现了多家前来采访的媒体。原因在于，又一种全新的便利店模式诞生了。这种便利店被称为"护理罗森"。

西口说道："具体来说，就是在罗森门店内设置护理咨询窗口。护理罗森与保健罗森的理念一致，都是为了'离顾客近一点'。从前，人们如果想咨询护理事宜，必须前往地方政府的服务窗口或护理机构的办公室。如果家门口的罗森有护理咨询窗口的话，就可以更加轻松悠闲地咨询各种问题了。咨询窗口由专门的护理经理、咨询员提供咨询服务，他们也会以护理罗森为基点，向顾客提供护理服务。"

这家面积 68 坪的护理罗森，是罗森与当地著名的护理机构 Withnet 合作的产物。这家护理机构创立于 1998 年，董事长兼社长是高桥行庆，注册资本 3.4758 亿万日元，综合营业额 168 亿

---

① 日本负责医疗卫生和社会保障的主要部门。

日元。其拥有 78 所疗养院、33 所附带护理人员的养老院、25
所日托机构、29 所居家护理服务机构、25 所派遣护理服务机
构，4000 名工作人员。

Withnet 公司也与罗森签订了连锁加盟合约。

"我们也知道保健领域里，护理是很重要的一部分，但要介
入其中并非易事。在讨论罗森可以起到什么样的作用时，我们
定下了今后的方针，即与当地著名的护理机构合作，发挥罗森
的优势。"

护理机构具备护理相关的专业知识，但无法在区域内广泛
设立网点。因此，希望通过经营罗森便利店，与地区建立更加
紧密的联系。

"有些护理机构会租借写字楼的二三层作为办公室，但如此
一来，顾客就必须专程前往商业街咨询护理信息。如果罗森便
利店有咨询窗口，人们就可以在日常购物的过程中享受咨询服
务。交流场所因此变得多样化起来。"

并且，便利店轻松友好的氛围也有利于谈话更加深入。

"进门的瞬间，迎接顾客的是一句充满活力的'欢迎光临'，
这就是便利店。事实上，这种轻松友好的氛围也是护理机构所
看重的，对员工培训也有好处。我曾听对方提过，他们认为员
工在便利店获得的接待顾客、结账收银的经验一定能很好地运
用在护理工作上。"

这家 68 坪的护理罗森，在进门后左手边的位置设置了护理咨询柜台和单独的咨询室，以及供老年人活动的活动室。

　　"如果只是那种开放型的、从外部看一目了然的咨询柜台，顾客或许会有所顾忌，毕竟有时会聊到与金钱有关的话题。并且，除了咨询功能之外，作为社区活动室布置的空间会发挥怎样的作用也很值得期待。事实上，并非没有人批评我们，有人说从经营便利店的角度来看，这样的空间设置很不经济。但我们认为，住在附近的街坊四邻一定会喜欢。"

开业前一年多时间，为打破常规付出的努力

　　护理罗森 68 坪的空间承担了多种多样的功能。例如，提供护理咨询、社区活动室、健康相关资讯、销售附带送货上门服务的商品、销售生活用品和护理用品。销售的商品中包含许多普通罗森不会出售的商品。

　　"因为罗森的模式是连锁加盟模式，所以有许多限制。但只要想尝试新事物，就不得不和这些规则、限制发生碰撞。比如，我们不会在店内摆放可以使用护理保险报销的商品，但是会提供商品目录。具体应该怎样处理这些商品，能否让这些商品与罗森的营业额挂钩，都是我们要考虑的。我们把这些情况逐条写下来，做成详细的表格，花了很长时间思考解决措施。"

　　现实中，罗森花了一年多的时间进行准备工作。想要使不合常规的处理措施获得认可，就必须与相关部门交涉。负责人做了诸多调整，才使得护理罗森从构想变成现实。

　　"罗森有一项坚持，那就是希望消费者可以享受一站式购物。其他连锁品牌也有经营药品和日用品的门店，但大多都是在门店旁附设药店或日用品商店。结账的时候分开结账，店面也是独立的两家门店。

"但罗森的顾客可以在同一个收银台结账。为了做到这一点，我们不得不办理各种手续，处理各种问题。

　　"两种做法孰优孰劣在这里不做评判，但我认为，至少我们的做法对顾客而言更加方便。"

　　事实上，公司内部也曾有过针对护理罗森的质疑。护理罗森真得能变成一种商业模式吗？能给罗森带来什么益处呢？

　　"银发族①群体自不必说，您和您的家人也可能需要护理服务，今后社会对护理服务的需求只会越来越大。护理机构相关的新闻报道也在逐渐增多。这次的实际操作也让我们深深体会到，护理机构真的不是那么好经营的。

　　"但是，社会需要护理事业。所以我们必须思考，作为罗森，应该以什么样的方式参与其中。"

　　恰好在那个时候，罗森遇到了 Withnet。

　　"听了对方的想法后，我们发现双方的目标是一致的。我们也清楚地知道，罗森有能力满足对方的要求。毕竟是没人尝试过的商业模式，开第一家店是需要勇气的。所以我们决定和对方联手，共同应对挑战。"

　　据说，第二家护理罗森已在筹备中。为了给第二家门店做准备，罗森向护理罗森一号店派遣了大量工作人员。

---

　　① Active senior，即老年人群体。

将城镇药店转化成保健罗森

　　罗森之所以推进这一系列新举措，目的之一当然是吸引更多顾客。但仅凭这一点是无法得到其他企业帮助的。"能为社会做出怎样的贡献"——正是这一宏大的目标引起了众多企业的共鸣。

　　"我们不会拘泥于固定的形式，而是希望做各种各样的尝试。我们很满意现在这种护理、药品、便利店三位一体的商业模式，同时也希望开发出更多新模式。"

　　此刻，罗森正在着手进行一种新模式的开发。前文已介绍过，罗森计划到 2020 年为止，在全国范围内开设 1000 家保健罗森和经营 OTC 药品的罗森门店。为实现这一目标，罗森制定了引爆剂一般的战略，这个战略指的是与全国药店的合作。

　　"有些药店因为竞争不过郊区的药妆店而倒闭。然而，这类药店其实是可以挽救的，比如让它们在商店街经营药品的同时出售化妆品等。我们希望这些药店能来经营罗森便利店。"

　　似乎许多药店对罗森的经营模式很感兴趣。药店想经营罗森的话，可以快速转变成保健罗森。药店的店主大多毕业于药科大学，也有作为执业药师销售药品的经验。此外，在兼营化妆品方面，他们也具备相应的专业知识。

"药店店主之所以对保健罗森抱有浓厚的兴趣，还有另一个原因，那就是继承者的问题。许多药店店主把子女送到药学部学习，但孩子们大多不愿意继承商店街里的老字号药店，而是选择在大城市工作。有的店主对我们说，如果把药店变成保健罗森，孩子们说不定会选择回乡就业。"

事实上，已经有类似的药店决定选择保健罗森的经营模式。

"我们将在 2015 年年内开设第一家这样的门店。公司内外都有许多双眼睛盯着我们的成果，所以只许成功不许失败。"

过去曾有许多卖酒水的店铺转变成便利店。这次，或许轮到药店转变成便利店了。无论如何，这些店铺的存在都将有利于盘活地方城镇的商店街，这是毫无疑问的。

第 **10** 章
罗森诞生40周年的
"180天计划"

竹增贞信

董事长兼副社长

改变所有可以改变的东西

2015 年 6 月 14 日，罗森迎来了诞生 40 周年纪念日。为配合 40 周年纪念，某项计划有条不紊地实施着。这便是从产品开发部到管理部门，各部门董事纷纷参与其中的"180 天计划"。计划的负责人是副社长竹增贞信。

"恰好许多重要事件都堆在了一起。首先是，2014 年玉塚就任社长。公司换了新体制，想趁此机会重新评估销售情况。商品的质量、价格、数量等，我们想把那些显而易见需要调整的东西统统调整一遍。我们从去年 11 月就开始讨论这件事了。恰好那时，公司决定今年 6 月各门店的进货系统将换成名为'半自动'的新系统，系统会自动设定基本商品，按照计划提交进货清单。这也是一项革新举措。那时刚好离 40 周年纪念日还有半年左右的时间，也就是 180 天，所以就取了'180 天计划'这个名字，寓意罗森在此期间，将不断推陈出新。"

罗森诞生后的 40 年，便利店所处的环境有了很大变化。因为出色的便利性和功能性，便利店的市场不断扩大，最终成为主导零售业走向的一种商业模式。

"这么多年，日本社会总是被认为处于通货紧缩和不景气的状况，在这种状况下，谁来负责引领零售业市场呢？我认为是便利店。为什么这么说？因为便利店能够事无巨细地观察顾客的动向。拿罗森来说，我们有 12000 家门店，最多的时候每天有 1000 万人光顾罗森。规模如此巨大的零售业连锁店并不多见。因此，我们必须抢先顾客一步，了解他们的需求。"

　　有意识地寻找顾客需求的举措，就是"180 天计划"。参与计划的 20 余名成员，会在处理好手头工作的同时，每两周举行一次会议，讨论相关问题。

　　"只有总部工作人员参与的话，许多东西可能了解得不清楚，也可能与事实有偏差。因此，我们也会向经营多家门店的 MO 咨询意见。有时甚至从白天讨论到晚上。"

　　随着项目的不断推进，许多可以改变的环节已经发生了改变，但最大的改变，必须等到迎来 40 周年纪念日的 6 月。届时，罗森将会在每周推出大型产品，据说这一举措将从秋天持续到年末。

　　"从这层意义来看，这并不是 180 天就能终结的计划。"

　　这一计划最大的特点，就是不设限制。便当区、开放式货架、收银台、普通购物区、冷藏柜、ATM、Loppi 自动购票机①

---

　　① 罗森内设的自动购票机，可以购买日本各地美术馆门票、高速巴士票、国内机票、球赛和演唱会门票等。

等。所有的一切都要重新评估。当然从结果上看，或许有些环节根本没有改变，但这是罗森在预测到将来便利店功能的基础上进行的改革。最具象征性的是，门店的制服改版了。

"现在，大家只愿意在时髦新潮的地方工作，同样地，顾客也只喜欢去那种地方购物。公司这边因为来不及赶制，所以无法使 12000 家门店同时更换新制服。但计划在夏天之前公开新制服的样式。"

"没有挑战，就看不到顾客的惊喜"

人气商品也发生了改变。新的人气商品是一款由"罗森严选"自营品牌推出的熟食类产品。

"土豆炖肉、土豆沙拉、意式通心粉沙拉、煮鹿尾菜和筑前煮，还有汉堡肉、肉丸子、盐烤青花鱼等都深受顾客好评。但我们希望更多顾客能品尝到这类产品。比如老年人、带孩子的妈妈等。有些顾客，虽然家门口就有罗森，可还是习惯去离家稍远的超市购买熟食类商品。我们希望这类顾客能购买一次我们的熟食，只要吃过一次，就能感受到它的魅力。"

为此，罗森大幅度地改良了商品包装。选择使用简约的、能够清晰明了地传达信息的包装设计。店内的陈列方法也发生了改变。

"我们会继续开发此前一直努力开发的健康产品，以丰富产品类型。此外，还将增加那些不使用添加剂，对身体有好处的产品。还要改良宣传手段，让顾客知道此类商品的存在。"

重大的改革往往伴随着巨大的阻力。尤其像罗森这样拥有12000家门店的大型企业。但竹增却说，改变和挑战才是40年来推动罗森不断成长的原动力。

"改变了什么，尝试了什么，并且做完之后得到了消费者的肯定。这个过程是很有意思的。罗森聚集了一大批喜欢挑战的人。如果不喜欢挑战，那么公司大概无法顺利经营下去。做生意说到底就是那么回事。"

总部工作人员自不必说，就连门店的兼职人员，罗森也要求他们具备挑战精神。

"罗森内部原本就存在着乐于挑战的企业文化。因此，当我们决定做点什么的时候，大家也觉得是顺理成章的事。但如果草率地开始，想着失败后可以放弃，可以转换思路重新开始，等待我们的就只能是重复的失败。考虑到这一点，我们决定以 40 周年为契机，全面推进改革。"

全体员工齐心协力，有助于提高顾客满意度和门店收益，从而推动零售业未来的发展。正因如此，罗森才鼓励挑战未知。

"没有挑战，就看不到顾客的惊喜。没有挑战就没有收益。这在哪个行业都是一样的。没有挑战，就产生不了创造性。"

一味地模仿竞争对手，或许能在行业获得差不多的地位。但这么做毫无意义。

"因为很无趣。"

有些竞争对手除了便利店之外，还经营超市、百货商店。有新闻报道声称，在行业洗牌的背景下，极有可能产生规模超越罗森的商品流通集团。

"我们是只经营便利店的便利店。因此，被竞争对手赶超也是无可奈何的。但是，也恰恰因为我们只经营便利店，所以拥有他人不具备的巨大优势。"

比如，与其他商品流通企业结成联盟等。据说，不少企业看中罗森只经营便利店这一特点，愿意与之联盟。实际操作中，也有合作成功的实例。

正因为是"只经营便利店的便利店",才能 与当地超市合作

冲绳县有一家名为"SAN-A"的连锁超市,在当地首屈一指。罗森已经与"SAN-A"联手,共同经营便利店。"SAN-A"持有运营公司 51%的股份,罗森持有 49%的股份。或许,只经营便利店的罗森才能促成的这样合作吧。

"SAN-A 超市附近就有一家连锁便利店,但它们的集团公司也经营超市,所以很难和 SAN-A 合作。"

这是罗森才能使用的商业手段,罗森才能拥有的合作关系。双方的合作催生了独特的经营方式。在这个过程中,发生了有趣的事情。

"罗森里有许多名为'罗森严选'的自营品牌商品。当然,冲绳的罗森便利店也会出售这些商品。另外,SAN-A 旗下的超市也摆放了类似的商品。并且,对方特地在极其显眼的位置为'罗森严选'布置了专门的区域,非常卖力地帮我们推广。"

因为这是便利店自营品牌,所以一般情况下都按照统一定价出售。但 SAN-A 超市写在宣传栏上的价格却比便利店优惠许多。

"超市是这方面的专家。他们熟知如何通过展示价格、展示商品，达到吸引顾客的目的。也因为对方拥有面积巨大的卖场，所以可以采取许多措施。比如，用一整片区域推广。如此一来，消费者的印象会有很大不同。"

但站在罗森便利店的角度思考，也容易产生以下疑问：明明是罗森自营品牌的商品，却放在近在咫尺的 SAN-A 超市出售，难道不会因此错失商机吗？并且，对方的价格看起来比罗森优惠，顾客会不会无视罗森直接去超市购买呢？

"实际情况恰恰相反。SAN-A 里出售的罗森产品，与罗森便利店出售的同类型产品，两者的销售额同时获得了显著提升。SAN-A 公司的社长曾经这样说过，商品只要打开了知名度，就一定会变得畅销。"

最重要的是，让消费者亲身购买并品尝一次。只要品尝一次，就会得出"好吃，今后还要继续购买"的结论。

"现实生活中，顾客想一次性购买大量商品时，往往会选择 SAN-A。但临时需要购物时，则会选择附近的罗森。因此许多顾客都说，当知道 SAN-A 和罗森在出售相同的商品时，就决定今后只去这两个地方购物了。"

事实的确如此，位于冲绳的罗森门店，营业额连续五年攀升。

"正因为我们是只经营便利店的便利店，才能做到这一点。

现在，我们与冲绳当地的制造商合作，制作符合冲绳当地消费者需求的'罗森严选'。比如，用冲绳县产的猪肉做成的香肠。这样的产品光靠罗森是做不出来的，因为我们无法采购到冲绳县产的猪肉。"

同样的情况也在高知县发生过。在高知县，罗森与当地排名第一的超市 SunnyMart 展开过合作。

"我们推出了'高知吃请幕之内便当'。'吃请'是当地的方言，意思是'宴席'。制作这个便当的过程中，一些罗森无法采购到的食材，都是 SunnyMart 帮我们购买的。"

如今，仅仅把自己变成全国规模的国民连锁品牌是不够的，难以凸显品牌的个性。

"仅仅做到这些还不够有趣，我们应该重新思考便利店特有的优势在哪里。便利店一定存在别人所没有的优势。在这一点上我们可以争取规模之外的竞争优势。因此，我认为仅仅追求规模是没有意义的。"

吃完一盒快要过期的便当可以发现什么

竹增说，便利店还有另一个其他经营模式不具备的特点，那就是对加盟店抱有的深厚情感。

"我们把对方视为重要的伙伴，一起经营着罗森这一事业。有的员工甚至把这种关系称为命运共同体。这种意识真的很强烈。与顾客直接接触的是加盟店，没有加盟店就没有总部。如果加盟店不能好好地经营罗森这块招牌，那么总部也不会做出什么像样的成绩。从这层意义上来看，我们之间的关系的确超越了合作伙伴这一表示对等关系的词语，是名副其实的命运共同体。"

与此同时，加盟店也对总部抱有同样的感情。在实施"180天计划"的过程中，竹增会时不时向经营多家店铺的 MO 咨询意见。这一点已在前文介绍过。据说，许多 MO 会采取和总部领导层同样的行动。

"比如，我们会试吃新开发的产品。除此之外，还会经常试吃已经在门店出售的产品。并且，我们会专门选择快要过期的产品，吃得一干二净。"

　　董事们试吃的产品都是刚刚做好的新鲜食物，放在最适宜的温度下，卖相美观诱人。并且，因为需要试吃大量产品，所以几乎不会把每样食物吃完。

　　"如此一来，极有可能无法了解产品的本质。并且只吃一点也可能影响判断力，不知道这个食物到底好吃还是不好吃。因此，吃完一盒快要过期的产品是有价值的。MO 中有许多人和我们一样，会经常购买快过期的产品试吃。这一举动可以帮助我们发现更多问题。"

　　罗森迎来了它的 40 周年纪念日。竹增说，40 周年时，他们与加盟店一起打造了一个盛大的嘉年华。

　　"我们加入了一些让顾客感到惊喜的商品和服务，吸引更多新顾客光临罗森门店。因为有 Ponta 数据，所以可以第一时间了解发生了什么变化。"

　　据说，罗森设立了几个绝密项目。包括罗森执着的便当、针对年轻男性开发的新产品、针对女性顾客开发的甜点。并且，因为正好是 40 周年，所以会有意识地复制一些过去的商品，制造怀旧氛围。

　　"对成年人而言，可能会看到许多记忆中的商品。我们会把它做成一场盛大的展销会，门店内部也会布置得具有 40 周年的氛围。为了达到这个效果，总部这边绞尽了脑汁，但与此同时，我们也十分期待这次的庆典。希望顾客们能玩得开心。"

罗森诞生了40年，在这40年间，日本社会发生了翻天覆地的变化。人口老龄化、出生率降低成为了社会趋势，商店街不再是从前的样子，自然灾害接二连三地降临这片土地，便利店的社会存在感也发生了改变。

　　"人们看待便利店的方式也和从前不一样了。正因如此，我们才应该关注顾客的一举一动，不断思考怎样才能满足顾客的需求、顾客需要的到底是什么、当顾客在看这些商品的时候到底看的是什么，等等。如果我们开始用总部和公司的眼光审视门店，哪怕只是一个小小的苗头，也是很危险的。因此必须时刻提醒自己，不要忘记站在顾客的立场思考问题。"

第 **11** 章

罗森和便利店
会朝什么方向发展

玉塚元一
董事长兼社长

激烈的竞争催生惊人的变革

约 1000 名罗森加盟店店主与门店员工排成一排。在他们的正前方，一个穿着正红色夹克的人正用情绪饱满的声音为大家讲解下一季度的战略。这便是 2015 年 2 月 26 日，在横滨国际和平会议场举行的"罗森研讨会"。这次会议召集了关东地区的罗森店主及门店员工，确立了罗森的新方针。会议在关东地区连开四天，之后在全国范围内巡回举办。作为占据公司头把交椅的人物，玉塚一天要作两场时长一小时的演讲。

"演讲的间隙，我会抓紧时间，咨询来自全国各地的监督员们的意见。什么都不做，只是一个劲儿地向他们提问题。他们会告诉我很多东西，小至'对那件事有什么看法''这项措施有没有什么问题''那个系统使用起来不方便'等琐碎事，大至'那项政策没有很好地传达总部意图'等原则性问题。"

话题并不总是正面的，遇到一些负面话题，玉塚也会刨根问底地追问。

"经营公司这份工作，说白了就是要看清潜在的风险与机遇。定期地创造与一线员工对话的机会，你就会发现，原本以

223

为是"点"的问题，事实上可能串成了"线"，最后变成了"面"的问题。一旦发现了类似的问题，就要迅速召集负责人和相关董事，讨论各种可能性。有时我们聊的确实是琐碎事，但琐碎事也是很重要的。我认为，经营便利店最重要的就是从宏观的视角看待琐碎事。"

除了面对面交流之外，罗森还制造了门店与公司员工直接向社长留言的沟通机制。领导层与一线员工的距离，近到一种令人惊讶的程度。

"如果不那么做，我们绝对无法了解最新的变化。我自己也经常直接向一线员工了解情况。解决问题是第一位的。在罗森，没有哪个责任董事会因为员工越级汇报产生不满。为这种琐事斤斤计较的人，是无法在罗森做董事的。"

2010年，玉塚接受前社长新浪刚史的邀请，出任罗森顾问。随后任职副社长兼最高执行负责人。2014年5月，就任罗森董事长兼社长。大学毕业后，玉塚先后就职于旭硝子、日本IBM等公司，后进入迅销①公司，出任公司社长。随后，他作为联合创始人创办了负责企业重组业务的Revamp公司。玉塚长年置身于竞争激烈的商场一线，但就连他也为便利店竞争程度之激烈

---

① 日本的零售控股公司。持有的品牌包括知名的UNIQLO（优衣库），以及ASPESI、Foot Park、National Standard等。是一个以零售为主，通过整合与兼并不同特色且极具发展潜力的国际企业来实现高收益、高增长的跨国集团。

感到惊讶。

"我在好几个行业都工作过。但便利店行业竞争的激烈程度超出了我的想象。比如，优衣库虽然和 GAP 一样经营休闲服饰，但它们做的是同样的生意吗？不是的。虽然人们会产生两者是竞争对手的印象，但实际上完全不是那么回事。便利店不一样，它完全处于竞争环境中。不过，正因为有如此健全的竞争环境，才能产生令人惊讶的变革。"

罗森的商业规模虽高达两万亿日元，但是为了在残酷竞争中存活下去，在原材料的调配、生产管理的结构、系统等方面投入的资金也是一个不小的数字。正因为有如此巨大的投入，罗森才能生产出令人刮目相看的商品，创造出令人刮目相看的生产机制。

"比如，产品的生产技法。为了使产品安全放心而采取的品质管理措施，这些都需要投入大量的先进设备和技术。最终呈现在消费者眼前的是新鲜的产品，但产品背后看不见的运作机制、生产技术、原材料，规模之庞大连我都感到震惊。如果大家有所了解，我相信许多人跟我一样，也会大吃一惊。"

"如果每一个员工都敷衍了事，那么罗森只能退出市场"

玉塚接手罗森时，就意识到便利店行业是一个机遇与危机并存的行业。与此同时，他也注意到罗森经过多年积累，创造出来的无与伦比的存在价值。

"比如，我们有囊括全国范围内 12000 家门店的店铺网、一天向三个温度带配送若干次货物的物流网、罗森经过多年努力创造出来的品牌价值。这些资源会在未来以各种形式发挥它们的作用。随着人口老龄化、家庭构成小规模化的发展，大家只会变得越来越忙。大型店铺逐渐转变成家门口的小型门店已经成为时代潮流。用英语来说，就是 Neighbourhood Store。我认为，其中存在巨大商机。"

但正因如此，竞争才会变得越来越激烈。竞争环境也在每时每刻发生着变化。

"从那个时候开始，就已经产生了跨行业竞争。比如，药妆店开始经营食品，大型超市开始经营小型零售商店，网店也开始销售食品。当然，其中不乏强有力的竞争对手。竞争以各种方式被激化，在这样的背景下，想以稳健的姿态一步一步扩大市场份额绝非易事。等待着我们的还有跨行业竞争，所以不做好充分的心理准备是无法赢到最后的。"

处理突发状况、提高生产速度、加强设施建设、培养储备人才……在各种与经营相关的课题中，玉塚最重视的是执行力。

"一流的公司需要一流的执行能力。在这层意义上，我们还有许多努力的空间。每产生一个新创意，每进行一次革新，罗森就会变得强大一点。创意和创新是重要的车轮，但我们需要进一步提升将其落到实处的执行能力。"

因此，玉塚认为强有力的领导能力和通畅的下情上达同样重要。

"有时因为商品要得太急，底下会出现反对的声音，这个时候即使反对的声音很大，身为领导层也必须力排众议做出决断。当然，我也会用我自己的方式给予一线员工理解，采取各种各样的措施。但有的时候时间不允许，机会稍纵即逝。所以强有力的领导能力是必要的，领导层必须明确公司的前景和目标。

"另外，我们也需要一线给予的各种反馈。甚至要确保'领导层的决策是错误的'这样的意见都能以健全的形式向上反馈。保持通畅的上下交流是非常重要的。"

玉塚保持与一线员工沟通渠道的同时，每月会召集一次全国各地的监督员，面对面地向他们传达自己的想法。有时，他甚至会召集全体员工，与他们交流。

"将想法付诸实践不是一件容易的事。所以我承认,在便利店的基础环节,罗森还有不健全的地方,必须加以改善。只有把基础做好,才能谈与竞争对手的差异化。罗森在自己的强项——厨房、收银台销售、健康产品等领域都采取了独特的措施。但首先还是要夯实基础。比如核心产品的商品配置等,要将基础环节做到最好。"

　　玉塚认为,罗森的员工应该明白这一点。

　　"这个行业的竞争真的非常激烈。一线的加盟店店主,每天赌上自己的生活为经营拼搏。如果我们敷衍了事,那么就只能退出市场。将不受欢迎的商品投放到市场中,会失去顾客的喜爱,输给竞争对手。我们一直承受着这样的压力,所以脑子里始终绷着一根弦。"

重要的是总部与加盟店的伙伴关系

从这层意义上来讲，加盟店的经营模式增加了便利店的优势。因为在这种模式下，即便是总部，也无法一意孤行，随意发号施令。

"我没有说直营模式简单的意思。只是，在直营公司里，只要领导层下达命令，就能一口气改变许多事。但加盟店模式不是这样，加盟店是由一个个独立的经营者分别经营的。他们会产生疑惑：为什么非这样做不可呢？这样做会有什么好处呢？我们必须打消他们的疑惑，说服他们。"

玉塚有在两种公司工作过的经验，他认为直营模式和便利店模式是相似却又不完全相同的两种经营模式。同时，直营店的监管者需要的能力与加盟店监管者需要的能力也不尽相同。

"像罗森这样的连锁公司，拥有数量如此众多的店铺，并且地域范围如此之广，必然需要健全完整的连锁加盟制度做支撑。用直营模式经营罗森，近乎不可能。"

因此，总部与加盟店的店主目标的一致性以及配合度就显得极为重要。罗森之所以在全国范围内召开与加盟店店主当面交流的罗森研讨会、面对面讨论的店主大会，原因就在于此。

"一致的目标对加盟店有利，也能提高罗森整体的品牌效益。店主们都非常理解，并身体力行地做到了这一点。加盟店模式没有直营模式那么单纯，但正因如此，它的身上才具备直营所不具备的可能性。"

与加盟店的亲密交流并不仅限于罗森研讨会。玉塚有时会参加被称为区域会的地区加盟店集会，向经营多家门店的 MO 咨询意见。有时会直接与店主电话交流。前文介绍过，他还会陪同十年后续约的加盟店店主参加夏威夷之旅，和大家一起在晚餐秀的游轮上载歌载舞。

"双方的伙伴关系是很重要的。彼此在对方心中的存在感到底有多么强烈，这一点很重要。只有做好了这些基础工作，我们才能获得顾客的支持。发现问题时，双方必须面对面地坐下来沟通、交流。如果不加以改善，不但会给顾客造成困扰，还有可能损害罗森的整体印象。所以，双方目标一致，建立起共赢关系是很重要的。"

总部采取的措施，加盟店采取的措施，两者的共同运作创造了便利店的品牌形象。并且这一机制是在激烈的竞争中、不断变化的市场环境下运作的，运作规模超过 10000 家门店。

仔细想想，这绝不是轻松的工作。但便利店却将它变成了现实。

在收购成城石井的过程中，产生的协同效应[①]

在本书开篇我曾经写过，我对罗森这家企业产生兴趣的契机，是罗森对成城石井的收购。对企业战略布局而言，收购成城石井有什么意义呢？我专门就这一点询问了玉塚。

"罗森的目标是成为 Neighbourhood Store，成为一家具备压倒性竞争能力的零售制造企业。为了实现这个目标，我们把成城石井也吸收了进来。表面上看，我们与成城石井属于两个不同的行业，但本质其实是一样的。他们的店铺也主要开设在住宅区，很受女性消费者的欢迎。在生鲜三品[②]的销售上采用了许多创意方法。并且，他们还是国内最早从海外直接采购商品的公司。成城石井具备的专业知识、技能，已经为我们制造了大量协同效应。"

对成城石井而言，也可以利用罗森这一集团公司的各项资源，制造协同效应。

---

① 指企业从资源配置和经营范围的决策中所能寻求到的各种共同努力的效果，也就是说"1+1>2"的效果。
② 指蔬果、肉类、水产三类产品。

"我们的原材料调配能力可以成为成城石井强有力的武器。另外，双方还可以共同开发分店。"

此外，罗森了解成城石井的价值。

"成城石井的顾客喜欢的是成城石井。我们在成城石井里放置罗森的饭团、'高级蛋糕卷'的话，会得到顾客的认可吗？如果这些产品与顾客的需求不匹配，那就绝不能被摆上货架。为成城石井留住他们的'死忠粉'是第一优先级的工作。但是，在顾客看不到的地方，比如原材料的供应、物流的改革、系统的升级等方面，我们帮了成城石井许多。"

表面上能看到的变化发生在"自然罗森"，"自然罗森"原来就出售成城石井的商品，与成城石井有过合作。最明显的是合作范围扩大了。成城石井与自然罗森合作，使原材料采购产生了规模化优势，提高了原材料的供给能力。

"对今后罗森将要采取的新措施来说，成城石井的做法也是具备参考价值的。比如，熟食类产品的搭配方法，什么时节适宜从什么国家采购什么样的原材料，特殊领域里的原材料，等等。我们可以在分享此类信息的过程中，各自创造新的火花。即使表面呈现的状态不同，我们也可以通过分享根源性的技术和做法，制造巨大的协同效应。"

另一个引起我注意的集团战略，是罗森在文化娱乐产业方面的扩张。具体表现有，罗森门票在旅游指南上的人气居高不下等。

"对开在家门口的商店来说，这是最有力的武器。充实休闲娱乐类的服务有利于与竞争对手区别开来，也有利于提升品牌效应。我认为通过合并与收购手段不断强化罗森在文娱产业的影响力是很重要的。"

另一个重要因素是国外市场。玉塚承认罗森在国际化方面慢人一步。今后他想重点研究，怎样才能在国外开设高收益率门店。

有些顾客尚未发觉便利店的魅力

便利店置身于激烈的市场竞争中，时不时还要承受来自其他行业的压力。那么对于未来便利店的可能性，玉塚氏又有什么看法呢？

"我认为便利店最终还是要变成 Neighbourhood Store。人口老龄化、出生率的降低、家庭构成小规模化、夫妻共同工作的家庭增加，这些社会变化促使家门口的商店变成社会主流需求。与此同时，日本是一个不会对品质妥协的国家。我们不但要求高品质的商品，还要求合理的价格。因此，我认为，方便并且能为日常生活提供帮助的产品具有很大的潜力。比如分成一小袋一小袋出售的半成品蔬菜。"

但现阶段的状况是，老年人和带孩子的女性等最需要生活帮助的消费人群，在便利店顾客中所占比重并不高。

"反过来，这说明市场潜力巨大。这些顾客尚未发觉便利店的魅力，今后将这部分顾客转化成便利店的消费者也是大有可能的。"

此外，玉塚构想中的便利店还要变得更加超前。

"将来，将顾客需要的商品配送到家恐怕会变成十分重要的销售手段。那时，罗森的 12000 家门店将发挥站台的作用，使用卡车横跨三个温度带配送货物的物流网也将大显身手。在合理运用这些机能的过程中，门店最终会变成向住宅配送货物的一个据点。"

另一点，未来的便利店将不再是仅仅出售商品的社会存在。

"日本的国家债务已超过 1000 万亿日元。因此，必须缩减公共服务类的支出。比如国家正在考虑能否使用多媒体终端①发行居住卡②等。虽然这并不仅仅是罗森的义务，但社会对罗森的期待值应该会有所提高，期待罗森代为提供某些公共服务，发挥作为社会基础设施的作用。"

企业应该为社会做贡献已经变成了一种时代潮流，在这一背景下，媒体从很久以前就开始吹捧 CSR（企业社会责任）一词。但持续承担 CSR 却并不是一件容易的事。

"现在，许多人已经知道 CSR 性质的工作是十分重要的。便利店最好的一点就是，我们的经营活动，本身就是一种 CSR。"

一年 365 天，每天 24 小时，便利店内都亮着灯。这在无形

---

① 能综合各种不同媒体（话音、文字、数据、图像和活动影像等），集电话机、电报机、传真机、电视机和计算机等为一体的新型通信终端。

② 又写作居民票。日本以家庭为单位，为市区町村的居民制作的卡片，上面记载姓名、住所、出生年月、性别、成员关系及户籍关系等。为居民基本登记册的基础。

当中阻止了多少意外和犯罪的发生呢？了解的人自然十分了解。便利店设置的监控摄像头也发挥了巨大作用，在深夜时保障了不少居民的安全。

"作为社会基础设施，便利店确实具备解决各种问题的潜力。"

玉塚说，便利店行业平时虽然竞争激烈，但私下也在推进各种合作。比如，当发生大地震时，行业内部将实现信息共享，集全行业之力对灾区进行紧急支援。

"便利店这个行业，本身就具备一定的社会责任。我们要做的是不断地提高便利店的社会价值。"

在日本，便利店具备庞大的规模、优良的品质，并且一年365天，每天24小时营业。世界上恐怕找不出第二个这样的国家。初到日本的外国人，最先感到惊讶的就是日本的便利店。这样的便利店，依旧没有停下它发展的脚步。

结　语

　　看到的信息和看出的信息，两者是不同的。这是我在过去的采访中学到的一句话。这次的采访让我再一次深切感受到，自己对便利店真的一无所知。便利店已经完全与从前不一样了。带着这种对便利店一无所知的想法重新审视便利店，我发现了许多有意思的事，让人感到精神为之一振。

　　但仔细想想，这些或许都是理所当然的。无论在哪个行业都一样，如果得不到消费者的支持，就无法生存下去。现在依旧活跃在市场上的公司，他们做对的不过只有一件事，那就是采取了能够获得消费者支持的策略，不断改革，不断进步。

　　现实没有那么简单。墨守成规，故步自封，不做任何改变，就不能把公司顺利地经营下去。出现问题时，如果不能很好地解决，就无法得到消费者的认可。便利店的历史，就是重复上演发现问题并解决问题这一戏码的40年。

　　在竞争范围扩大化的现在，罗森还能以强烈的存在感自矜，这是有充分理由的。正因如此，我再一次自我反省，居然对发展如此迅速的便利店"一无所知",简直犹如入宝山而空回。

关于罗森,市面上已有若干本与前任社长相关的书籍。这些书籍,简而言之,都是从经营的角度解构罗森。正因如此,当我试图了解罗森这一公司时,我决定从一线入手,了解罗森的生产一线发生过什么。从改变了生产一线的员工的视角出发,重新审视罗森。

采访过众多罗森员工之后,我的感受是,如此热爱本职工作的大型企业员工,今后恐怕很难再遇到了。他们每个人的状态都是一样的,双眼炯炯有神,兴致勃勃地跟我聊自己的工作。

当然,工作并不都是简单的。毋宁说,大部分工作都是难啃的硬骨头。但艰难,也是工作的乐趣之一。

其中最重要的原因,不外乎自己的工作能为社会带来直接影响。便利店的工作能使顾客收获幸福,能使加盟店收获幸福,能使公司员工和门店职员收获幸福。在这里工作,你能无比清晰地知道,自己是在为了谁、为了什么而工作。

采访时恰逢罗森40周年纪念日,罗森内部正在推进各种各样的项目。在这一时间节点,能采访到众多内部人士,实在是我的荣幸。

文章的最后,我想郑重地向本书的写作契机《价格坚挺,精品超市的经营秘诀》的责任编辑,同时也是本书策划提案者的朝日出版社吉田伸先生表达感激之情。

　　此外，在本书的撰写过程中，罗森诸位实在给予我帮助良多。我谨在此，向那些愿意抽出宝贵时间接受采访的朋友、爽快地陪同我进行多次采访的常务执行董事兼宣传室室长宫崎纯先生、宣传室助理经理竹元裕贵先生表达感谢之意。

　　对那些熟知罗森的顾客和流通行业的专业人士来说，本书的许多内容也许有班门弄斧之嫌。但拙作如果能让您了解未曾了解过的罗森，哪怕只有一星半点，也是我莫大的荣幸。

　　此外，其他行业的朋友如果能从拙作中获得些许启发，也将是我莫大的荣幸。

2015 年 4 月

上阪彻

"服务的细节" 系列

《卖得好的陈列》：日本"卖场设计第一人"永岛幸夫

定价：26.00 元

《为何顾客会在店里生气》：家电卖场销售人员必读

定价：26.00 元

《完全餐饮店》：一本旨在长期适用的餐饮店经营实务书

定价：32.00 元

《完全商品陈列 115 例》：畅销的陈列就是将消费心理可视化

定价：30.00 元

《让顾客爱上店铺 1——东急手创馆》：零售业的非一般热销秘诀

定价：29.00 元

《如何让顾客的不满产生利润》：重印 25 次之多的服务学经典著作

定价：29.00 元

《新川服务圣经——餐饮店员工必学的 52 条待客之道》：日本"服务之神"新川义弘亲授服务论

定价：23.00 元

《让顾客爱上店铺 2——三宅一生》：日本最著名奢侈品品牌、时尚设计与商业活动完美平衡的典范

定价：28.00 元

《摸过顾客的脚才能卖对鞋》：你所不知道的服务技巧，鞋子卖场销售的第一本书

定价：22.00 元

《繁荣店的问卷调查术》：成就服务业旺铺的问卷调查术

定价：26.00 元

《菜鸟餐饮店 30 天繁荣记》：帮助无数经营不善的店铺起死回生的日本餐饮第一顾问

定价：28.00 元

《最勾引顾客的招牌》：成功的招牌是最好的营销，好招牌分分钟替你召顾客！

定价：36.00 元

《会切西红柿，就能做餐饮》：没有比餐饮更好做的卖卖！ 饭店经营的"用户体验学"。

定价：28.00 元

《制造型零售业——7-ELEVEn 的服务升级》：看日本人如何将美国人经营破产的便利店打造为全球连锁便利店 NO.1！

定价：38.00 元

《店铺防盗》：7 大步骤消灭外盗，11 种方法杜绝内盗，最强大店铺防盗书!

定价：28.00 元

《中小企业自媒体集客术》：教你玩转拉动型销售的 7 大自媒体集客工具，让顾客主动找上门!

定价：36.00 元

《敢挑选顾客的店铺才能赚钱》：日本店铺招牌设计第一人亲授打造各行业旺铺的真实成功案例

定价：32.00 元

《餐饮店投诉应对术》：日本 23 家顶级餐饮集团投诉应对标准手册，迄今为止最全面最权威最专业的餐饮业投诉应对书。

定价：28.00 元

《大数据时代的社区小店》：大数据的小店实践先驱者、海尔电器的日本教练传授小店经营的数据之道

定价：28.00 元

《线下体验店》：日本 "体验式销售法" 第一人教你如何赋予 O2O 最完美的着地!

定价：32.00 元

《医患纠纷解决术》：日本医疗服务第一指导书，医院管理层、医疗一线人员必读书！ 医护专业入职必备！
定价：38.00 元

《迪士尼店长心法》：让迪士尼主题乐园里的餐饮店、零售店、酒店的服务成为公认第一的，不是硬件设施，而是店长的思维方式。
定价：28.00 元

《女装经营圣经》：上市一周就登上日本亚马逊畅销榜的女装成功经营学，中文版本终于面世！
定价：36.00 元

《医师接诊艺术》：2 秒速读患者表情，快速建立新赖关系！ 日本国宝级医生日野原重明先生重磅推荐！
定价：36.00 元

《超人气餐饮店促销大全》：图解型最完全实战型促销书，200 个历经检验的餐饮店促销成功案例，全方位深挖能让顾客进店的每一个突破点！
定价：46.80 元

《服务的初心》：服务的对象十人百样，服务的方式千变万化，唯有，初心不改！
定价：39.80 元

《最强导购成交术》：解决导购员最头疼的55个问题，快速提升成交率！
定价：36.00元

《帝国酒店——恰到好处的服务》：日本第一国宾馆的5秒钟魅力神话，据说每一位客人都想再来一次！
定价：33.00元

《餐饮店长如何带队伍》：解决餐饮店长头疼的问题——员工力！ 让团队帮你去赚钱！
定价：36.00元

《漫画餐饮店经营》：老板、店长、厨师必须直面的25个营业额下降、顾客流失的场景
定价：36.00元

《店铺服务体验师报告》：揭发你习以为常的待客漏洞 深挖你见怪不怪的服务死角 50个客户极致体验法则
定价：38.00元

《餐饮店超低风险运营策略》：致餐饮业有志创业者＆计划扩大规模的经营者＆与低迷经营苦战的管理者的最强支援书
定价：42.00元

《零售现场力》：全世界销售额第一名的三越伊势丹董事长经营思想之集大成，不仅仅是零售业，对整个服务业来说，现场力都是第一要素。
定价：38.00 元

《别人家的店为什么卖得好》：畅销商品、人气旺铺的销售秘密到底在哪里？ 到底应该怎么学？ 人人都能玩得转的超简明 MBA
定价：38.00 元

《顶级销售员做单训练》：世界超级销售员亲述做单心得，亲手培养出数千名优秀销售员！ 日文原版自出版后每月加印 3 次，销售人员做单必备。
定价：38.00 元

《店长手绘 POP 引流术》：专治"顾客门前走，就是不进门"，让你顾客盈门、营业额不断上涨的 POP 引流术！
定价：39.80 元

《不懂大数据，怎么做餐饮？》：餐饮店倒闭的最大原因就是"讨厌数据的糊涂账"经营模式。
定价：38.00 元

《零售店长就该这么干》：电商时代的实体店长自我变革。
定价：38.00 元

《生鲜超市工作手册蔬果篇》：海量图解日本生鲜超市先进管理技能
定价：38.00 元

《生鲜超市工作手册肉禽篇》：海量图解日本生鲜超市先进管理技能
定价：38.00 元

《生鲜超市工作手册水产篇》：海量图解日本生鲜超市先进管理技能
定价：38.00 元

《生鲜超市工作手册日配篇》：海量图解日本生鲜超市先进管理技能
定价：38.00 元

《生鲜超市工作手册副食调料篇》：海量图解日本生鲜超市先进管理技能
定价：48.00 元

《生鲜超市工作手册 POP 篇》：海量图解日本生鲜超市先进管理技能
定价：38.00 元

《日本新干线 7 分钟清扫奇迹》：我们的商品不是清扫，而是"旅途的回忆"
定价：39.80 元

《像顾客一样思考》：不懂你，又怎样搞定你？
定价：38.00 元

《好服务是设计出来的》：设计，是对服务的思考
定价：38.00 元

《让头回客成为回头客》：回头客才是企业持续盈利的基石
定价：38.00 元

《餐饮连锁这样做》：日本餐饮连锁店经营指导第一人
定价：39.00 元

《养老院长的 12 堂管理辅导课》：90%的养老院长管理烦恼在这里都能找到答案
定价：39.80 元

《大数据时代的医疗革命》：不放过每一个数据，不轻视每一个偶然
定价：38.00 元

《如何战胜竞争店》：在众多同类型店铺中脱颖而出
定价：38.00 元

《这样打造一流卖场》：能让顾客快乐购物的才是一流卖场
定价：38.00 元

《店长促销烦恼急救箱》：经营者、店长、店员都必读的"经营学问书"
定价：38.00 元

《餐饮店爆品打造与集客法则》：迅速提高营业额的"五感菜品"与"集客步骤"
定价：58.00 元

《新零售全渠道战略》：让顾客认识到"这家店真好，可以随时随地下单、取货"
定价：48.00 元

《口腔诊所经营 88 法则》：引领数百家口腔诊所走向成功的日本口腔经营之神的策略
定价：45.00 元

《超市经营数据分析、管理指南》：来自日本的超市精细化管理实操读本
定价：60.00 元

《赚钱美发店的经营学问》：一本书全方位掌握一流美发店经营知识
定价：52.00 元

《良医有道：成为好医生的 100 个指路牌》：做医生，走经由"救治和帮助别人而使自己圆满"的道路
定价：58.00 元

《来自 2 万名店长的餐饮投诉应对术》：如何搞定世界上最挑剔的顾客
定价：48.00 元

《超市管理者现场工作指南》：来自日本的超市精细化管理实操读本
定价：60.00 元

《超市投诉现场应对指南》： 来自日本的超市精细化管理实操读本
定价： 60.00 元

《超市现场陈列与展示指南》
定价： 60.00 元

《向日本超市店长学习合法经营之道》
定价： 78.00 元

《让食品网店销售额增加 10 倍的技巧》
定价： 68.00 元

《让顾客不请自来！ 卖场打造 84 法则》
定价： 68.00 元

《有趣就畅销！ 商品陈列 99 法则》
定价： 68.00 元

《成为区域旺店第一步——竞争店调查》
定价： 68.00 元

《餐饮店如何打造获利菜单》
定价： 68.00 元

《日本家具 & 家居零售巨头 NITORI 的成功五原则》
定价：58.00 元

《咖啡店卖的并不是咖啡》
定价：68.00 元

《革新餐饮业态：胡椒厨房创始人的突破之道》
定价：58.00 元

《餐饮店简单改换门面，就能增加新顾客》
定价：68.00 元

《让 POP 会讲故事，商品就能卖得好》
定价：68.00 元

《经营自有品牌：来自欧美市场的实践与调查》
定价：78.00 元

《卖场数据化经营》
定价：58.00 元

《超市店长工作术》
定价：58.00 元

《习惯购买的力量》
定价： 68.00元

《7-ELEVEn 的订货力》
定价： 58.00元

《与零售巨头亚马逊共生》
定价： 58.00元

《下一代零售连锁的 7 个经营思路》
定价： 68.00元

《唤起感动： 丽思卡尔顿酒店"不可思议"的服务》
定价： 58.00元

《7-ELEVEn 物流秘籍》
定价： 68.00元

《价格坚挺， 精品超市的经营秘诀》
定价： 58.00元

《超市转型： 做顾客的饮食生活规划师》
定价： 68.00元

《连锁店商品开发》

定价： 68.00 元

《顾客爱吃才畅销》

定价： 58.00 元

更多本系列精品图书，敬请期待！

图字：01-2019-2099 号

Naze ima LAWSON ga "Tonikaku omoshiroi" noka? by Tohru Uesaka
Copyright © Tohru Uesaka 2015
Simplified Chinese translation copyright © 2019 Oriental Press，All rights reserved.
Original Japanese language edition published by ASA PUBLISHING CO., LTD.
Simplified Chinese translation rights arranged with ASA PUBLISHING CO., LTD.
Through Hanhe International (HK) Co., Ltd.

中文简体字版专有权属东方出版社

图书在版编目（CIP）数据

便利店差异化经营——罗森／（日）上阪徹 著；陈修齐 译. —北京：
东方出版社，2019. 9
（服务的细节；089）
ISBN 978-7-5207-1163-0

Ⅰ.①便… Ⅱ.①上… ②陈… Ⅲ.①零售商店—经营管理—经验—日本
Ⅳ.①F733.131.7

中国版本图书馆 CIP 数据核字（2019）第 180210 号

服务的细节 089：便利店差异化经营——罗森
（FUWU DE XIJIE 089: BIANLIDIAN CHAYIHUA JINGYING——LUOSEN）

作　　者：[日] 上阪徹
译　　者：陈修齐
责任编辑：崔雁行　高琛倩
出　　版：东方出版社
发　　行：人民东方出版传媒有限公司
地　　址：北京市朝阳区西坝河北里 51 号
邮　　编：100028
印　　刷：北京文昌阁彩色印刷有限责任公司
版　　次：2019 年 11 月第 1 版
印　　次：2019 年 11 月第 1 次印刷
开　　本：880 毫米×1230 毫米　1/32
印　　张：8.5
字　　数：173 千字
书　　号：ISBN 978-7-5207-1163-0
定　　价：68.00 元
发行电话：(010) 85924663　85924644　85924641